I0832466

LE BRUTUS DE MONSIEUR DE VOLTAIRE,

AVEC

UN DISCOURS SUR LA TRAGEDIE.

A PARIS, RUE S. JACQUES,
Chez JE. FR. JOSSE, Libr. Impr. ordinaire de S. M. C. la Reine d'Espagne IIe Douairiere, à la Fleur de Lys d'Or.

M. DCC. XXXI.

AVEC APPROBATION ET PRIVILEGE DU ROY.

DISCOURS SUR LA TRAGEDIE A MYLORD BOLINGBROOKE.

SI je dédie à un Anglois un Ouvrage représenté à Paris, ce n'est pas, MYLORD, qu'il n'y ait aussi dans ma Patrie des Juges très-éclairez, & d'excellens Esprits ausquels j'eusse pû rendre cet hommage. Mais vous sçavez que la Tragédie de Brutus est née en Angleterre: Vous vous souvenez que lorsque j'étois retiré à Wandsworth, chez mon ami M. Faukener, ce digne & vertueux Citoyen, je m'occupai chez lui à écrire en Prose Angloiſe le premier Acte de cette Piéce, à peu près tel qu'il eſt aujourd'hui en Vers François. Je vous en parlois quelquefois, & nous nous étonnions qu'aucun Anglois n'eût traité ce ſujet, qui de tous eſt peut-être le plus convenable à votre Théâtre. Vous m'encouragiez à continuer un Ouvrage ſuſceptible de ſi grands ſentimens.

Souffrez donc que je vous préſente Brutus, quoiqu'écrit dans une autre langue, à vous *docte ſermones utriuſque linguæ*, à vous qui me donneriez des leçons de François auſſi-bien que d'Anglois, à vous qui m'apprendriez du moins à rendre à ma langue cette force & cette énergie qu'inſpire la noble liberté de penſer; car les ſentimens vigoureux de l'ame paſſent toujours dans le langage, & qui penſe fortement, parle de même.

Je vous avouë, MYLORD, qu'à mon retour d'Angleterre où j'avois paſſé deux années dans une étude continuelle de votre Langue, je me trouvai embaraſſé lorſque je voulus compoſer une Tragédie Françoiſe. Je m'étois preſque accoutumé à penſer en Anglois, je ſentois que les termes de ma Langue ne venoient plus ſe préſenter à mon imagination avec la même abondance qu'auparavant; c'étoit comme un ruisseau dont la source avoit été détournée; il me fallut du tems & de la peine pour le faire couler dans son premier lit. Je compris bien alors que pour réüssir dans un art, il le faut cultiver toute sa vie.

De la rime & de la difficulté de la Versification Françoise.

Ce qui m'effraya le plus en rentrant dans cette carriere, ce fut la sévérité de notre Poësie, & l'esclavage de la rime. Je regrettois cette heureuse liberté que vous avez d'écrire vos Tragédies en vers non rimez, d'allonger, & surtout d'accourcir presque tous vos mots, de faire enjamber les vers les uns sur les autres, & de créer dans le besoin des termes nouveaux, qui sont toujours adoptez chez vous, lorsqu'ils sont sonores, intelligibles & nécessaires. Un Poëte Anglois, disois-je, est un homme libre qui asservit sa Langue à son génie; le François est un esclave de la rime, obligé de faire quelquefois quatre vers, pour exprimer une pensée qu'un Anglois peut rendre en une seule ligne. L'Anglois dit tout ce qu'il veut, le François ne dit que ce qu'il peut. L'un court dans une carriere vaste, & l'autre marche avec des entraves dans un chemin glissant & étroit.

Malgré toutes ces réfléxions & toutes ces plaintes, nous ne pourrons jamais secoüer le joug de la rime, elle est essentielle à la

Poësie Françoise. Notre Langue ne comporte point d'inversions, nos Vers ne souffrent point d'enjambement : Nos syllabes ne peuvent produire une harmonie sensible par leurs mesures longues ou bréves : Nos césures, & un certain nombre de pieds ne suffiroient pas pour distinguer la Prose d'avec la Versification ; la rime est donc nécessaire aux vers François.

De plus, tant de Grands Maîtres qui ont fait des vers rimez, tels que les Corneilles, les Racines, les Despreaux, ont tellement accoutumé nos oreilles à cette harmonie, que nous n'en pourrions pas supporter d'autre ; & je le répete encore, quiconque voudroit se délivrer d'un fardeau qu'a porté le Grand Corneille, seroit regardé avec raison, non pas comme un génie hardi qui s'ouvre une route nouvelle, mais comme un homme très-foible qui ne peut pas se soutenir dans l'ancienne carriere.

Tragedies en Prose.

On a tenté de nous donner des Tragédies en Prose ; mais je ne crois pas que cette entreprise puisse désormais réüssir ; qui a le plus ne sçauroit se contenter du moins. On sera toujours mal venu à dire au Public, je viens diminuer votre plaisir. Si au milieu des Tableaux de Rubens ou de Paul Veroneze, quelqu'un venoit placer ses desseins au crayon, n'auroit-il pas tort de s'égaler à ces Peintres? On est accoutumé dans les Fêtes à des Danses & à des Chants. Seroit-ce assez de marcher & de parler, sous prétexte qu'onmarcheroit & qu'on parleroit bien, & que cela seroit plus aisé & plus naturel?

Il y a grande apparence qu'il faudra toujours des vers sur tous les Théâtres Tragiques, & de plus toujours des rimes sur le nôtre. C'est même à cette contrainte de la rime, & à cette sévérité extrême de notre versification que nous devons ces excellens ouvrages que nous avons dans notre Langue.

Nous voulons que la rime ne coûte jamais rien aux pensées, qu'elle ne soit ni triviale ni trop recherchée; nous exigeons rigoureusement dans un vers la même pureté, la même exactitude que dans la Prose. Nous ne permettons pas la moindre licence; nous demandons qu'un Auteur porte sans discontinuer toutes ces chaînes, & cependant qu'il paroisse toujours libre, & nous ne reconnoissons pour Poëtes que ceux qui ont rempli toutes ces conditions.

Voilà pourquoi il est plus aisé de faire

cent vers en toute autre Langue, que quatre vers en François. L'exemple de notre Abbé Regnier Desmarets de l'Académie Françoise & de celle *de la Crusca*, en est une preuve bien évidente. Il traduisit Anacréon en Italien avec succès, & ses vers François sont, à l'exception de deux ou trois Quatrains, au rang des plus médiocres. Notre *Ménage* étoit dans le même cas, & combien de nos beaux Esprits ont fait de très-beaux vers Latins, & n'ont pû être supportables en leur Langue ?

Exemples de la difficulté des Vers François.

Je sçai combien de disputes j'ai essuyées sur notre versification en Angleterre, & quels reproches me fait souvent le sçavant Evêque de Rochester sur cette contrainte puérile qu'il prétend que nous nous imposons de gayeté de cœur. Mais soyez persuadé, MYLORD, que plus un Etranger connoîtra notre Langue, & plus il se réconciliera avec cette rime qui l'effraye d'abord. Non seulement elle est nécessaire à notre Tragédie, mais elle embellit nos Comédies même. Un bon mot en vers en est retenu plus aisément ; les portraits de la vie humaine seront toujours plus frappans en vers qu'en prose, & qui dit *Vers* en François, dit nécessairement des vers rimez ; en un mot nous avons des

La rime plaît aux François même dans les Comedies.

Comédies en Prose du célébre Moliere, que l'on a été obligé de mettre en vers après sa mort, & qui ne sont plus jouées que de cette maniere nouvelle.

Caractere du Théâtre Anglois.

Ne pouvant, MYLORD, hazarder sur le Théâtre François des vers non rimez, tels qu'ils sont en usage en Italie & en Angleterre, j'aurois du moins voulu transporter sur notre Scène certaines beautez de la vôtre. Il est vrai, & je l'avouë, que le Théâtre Anglois est bien défectueux: J'ai entendu de votre bouche, que vous n'aviez pas une bonne Tragédie; mais en récompense dans ces Pieces si monstrueuses, vous avez des Scènes admirables. Il a manqué jusqu'à présent à presque tous les Auteurs Tragiques de votre Nation, cette pureté, cette conduite réguliere, ces bienséances de l'action & du stile, cette élégance, & toutes ces finesses de l'Art, qui ont établi la réputation du Théâtre François depuis le Grand Corneille. Mais vos Piéces les plus irrégulieres ont un grand mérite, c'est celui de l'action.

Nous avons en France des Tragédies estimées, qui sont plutôt des conversations qu'elles ne sont la représentation d'un événement. Un Auteur Italien m'écrivoit dans une Lettre sur les Theâtres » Un critico del nostro Pastor fido » disse che quel componimento era un » riassunto di bellissimi Madrigali, credo, » se vivesse, che direbbe delle Tragedie » Francesi, che sono un riassunto di belle » elegie & sontuosi Epitalami.

J'ai bien peur que cet Italien n'ait trop raison. Notre délicatesse excessive nous force quelquefois à mettre en récit ce que nous voudrions exposer aux yeux. Nous craignons de hazarder sur la Scène des Spectacles nouveaux devant une Nation accoutumée à tourner en ridicule tout ce qui n'est pas d'*usage*.

Défauts du Theâtre François.

L'endroit où l'on jouë la Comédie, & les abus qui s'y sont glissez, sont encore une cause de cette secheresse qu'on peut reprocher à quelques unes de nos Pieces. Les bancs qui sont sur le Théâtre destinez aux Spectateurs, rétrécissent la Scène, & rendent toute action presque impraticable. Ce défaut est cause que les Décorations tant recommandées par les Anciens, sont rarement convenables à la Piéce. Il empêche sur tout que les Acteurs ne passent d'un appartement dans un autre aux yeux des Spectateurs, comme les Grecs & les Romains le pratiquoient sagement pour conserver à la fois l'unité de lieu & la vrai-semblance.

Exemple du Caton Anglois.

Comment oserions-nous sur nos Théâtres faire paroître, par exemple, l'ombre de Pompée, ou le génie de Brutus, au milieu de tant de jeunes gens qui ne regardent jamais les choses les plus sérieuses que comme l'occasion de dire un bon mot? Comment apporter au milieu d'eux sur la Scène, le corps de Marcus, devant Caton son pere, qui s'écrie: » Heureux jeune homme, tu es mort pour ton pays! O mes amis, » laissez-moi compter ces glorieuses blessures! Qui ne voudroit mourir ainsi pour la » patrie? Pourquoi n'a-t-on qu'une vie à lui » sacrifier!.... mes amis ne pleurez point » ma perte, ne regrettez point mon fils, » pleurez Rome, la maitresse du monde » n'est plus, ô liberté! ô ma patrie!.. ô » vertu! &c.

Voilà ce que feu M. Addisson ne craignit point de faire representer à Londres; voilà ce qui fut joüé, traduit en Italien, dans plus d'une Ville d'Italie. Mais si nous hazardions à Paris un tel spectacle, n'entendez-vous pas déja le Parterre qui se récrie? Et ne voyez-vous pas nos femmes qui détournent la tête?

Vous n'imagineriez pas à quel point va cette délicatesse. L'Auteur de notre Tragédie de Manlius prit son sujet de la

Piece Angloise de M. Otway, intitulée, *Venise sauvée.* Le sujet est tiré de l'Histoire de la conjuration du Marquis de Bedemar, écrite par l'Abbé de S. Réal; & permettez-moi de dire en passant que ce morceau d'Histoire, égal peut-être à Saluste, est fort au-dessus & de la Piéce d'Otway & de notre Manlius.

Comparaison de Manlius de M. de la Fosse, avec la Venise sauvée de M. Otway.

Prémierement, vous remarquez le préjugé qui a forcé l'Auteur François à déguiser sous des noms Romains une avanture connuë, que l'Anglois a traitée naturellement sous les noms véritables. On n'a point trouvé ridicule au Théâtre de Londres, qu'un Ambassadeur Espagnol s'appellât Bedemare; & que des conjurez eussent le nom de Jaffier, de Jacques-Pierre, d'Eliot; cela seul en France eût pû faire tomber la Piéce.

Mais voyez qu'Otway ne craint point d'assembler tous les Conjurez. Renaud prend leurs sermens, assigne à chacun son poste, prescrit l'heure du carnage, & jette de temps en temps des regards inquiets & soupçonneux sur Jaffier dont il se défie. Il leur fait à tous ce discours patétique, traduit mot pour mot de l'Abbé de S. Réal.

Jamais repos si profond ne précéda un trouble si grand. Notre bonne destinée a aveuglé les plus clairs-voyans de tous les hommes, rassuré les plus timides, endormi les plus soupçonneux, confondu les plus subtils : nous vivons encore, mes chers amis... nous vivons, & notre vie sera bien-tôt funeste aux tyrans de ces lieux, &c.

Qu'a fait l'Auteur François ? Il a craint de hazarder tant de Personnages sur la Scène ; il se contente de faire réciter par *Renaud* sous le nom de *Rutile*, une foible partie de ce même discours qu'il vient, dit-il, de tenir aux Conjurez. Ne sentez-vous pas par ce seul exposé combien cette Scène Angloise est au-dessus de la Françoise, la Piéce d'Otway fût-elle d'ailleurs monstrueuse.

Examen de Jules Cesar de Shakesper.

Avec quel plaisir n'ai-je point vû à Londres votre Tragédie de Jules Cesar, qui depuis cent cinquante années fait les délices de votre Nation ? Je ne prétens pas assurément approuver les irrégularitez barbares dont elle est remplie. Il est seulement étonnant qu'il ne s'en trouve pas davantage dans un ouvrage composé dans un siécle d'ignorance, par un homme qui même ne sçavoit pas le Latin, & qui n'eut de Maître que son génie ; mais au milieu de tant de fautes grossieres, avec quel ravissement je voyois Brutus tenant encore un poignard teint du ſang de Céſar, aſſembler le Peuple Romain, & lui parler ainſi du haut de la Tribune aux Harangues.

Romains, compatriotes, amis, s'il eſt quelqu'un de vous qui ait été attaché à Céſar, qu'il ſçache que Brutus ne l'étoit pas moins: Oüi, je l'aimois, Romains, & ſi ſi vous me damandez pourquoi j'ai verſé ſon ſang, c'eſt que j'aimois Rome davantage. Voudriez-vous voir Céſar vivant, & mourir ſes eſclaves, plutôt que d'acheter votre liberté par ſa mort? Céſar étoit mon ami, je le pleure; il étoit heureux, j'applaudis à ſes triomphes; il étoit vaillant, je l'honore; mais il étoit amtibieux, je l'ai tué.

Y a-t-il quelqu'un parmi vous aſſez lâche pour regretter la ſervitude. S'il en eſt un ſeul, qu'il parle, qu'il ſe montre; c'eſt lui que j'ai offenſé: Y a-t-il quelqu'un aſſez infâme pour oublier qu'il eſt Romain? Qu'il parle, c'eſt lui ſeul qui eſt mon ennemi.

CHOEUR DES ROMAINS.

Perſonne; Non, Brutus, perſonne.

BRUTUS.

Ainſi donc je n'ai offenſé perſonne. Voi-

ci le corps du Dictateur qu'on vous apporte ; les derniers devoirs lui seront rendus par Antoine, par cet Antoine, qui n'ayant point eu de part au châtiment de César, en retirera le même avantage que moi & que chacun de vous, le bonheur inestimable d'être libre. Je n'ai plus qu'un mot à vous dire : J'ai tué de cette main mon meilleur ami pour le salut de Rome ; je garde ce même poignard pour moi, quand Rome demandera ma vie.

LE CHOEUR.

Vivez, Brutus, vivez à jamais.

Après cette Scène, Antoine vient émouvoir de pitié ces mêmes Romains, à qui Brutus avoit inspiré sa rigueur & sa barbarie. Antoine par un discours artificieux ramene insensiblement ces esprits superbes, & quand il les voit radoucis, alors il leur montre le corps de César, & se servant des figures les plus pathétiques, il les excite au tumulte & à la vangeance.

Peut-être les François ne souffriroient pas que l'on fît paroître sur leur Theâtre un Chœur composé d'Artisans & de Plébeïens Romains ; que le corps sanglant de César y fût exposé aux yeux du peuple, &

qu'on excitât ce peuple à la vangeance du haut de la Tribune aux Harangues ; c'est à la Coutume qui est la Reine de ce monde, à changer le goût des Nations, & à tourner en plaisir les objets de notre aversion.

Spectacles horribles chez les Grecs.

Les Grecs ont hazardé des Spectacles non moins révoltans pour nous. Hippolite brisé par sa chute, vient compter ses blessures & pousser des cris douloureux. Philoctete tombe dans ses accès de souffrance, un sang noir coule de sa playe. OEdipe couvert du sang qui dégoute encore des restes de ses yeux qu'il vient d'arracher, se plaint des Dieux & des hommes. On entend les cris de Clitemnestre que son propre fils égorge ; & Electre crie sur le Théâtre : *Frappez, ne l'épargnez pas, elle n'a pas épargné notre pere.* Prometée est attaché sur un Rocher avec des cloux qu'on lui enfonce dans l'estomac & dans les bras. Les furies répondent à l'ombre sanglante de Clitemnestre par des hurlemens sans aucune articulation. Beaucoup de Tragédies Grecques, en un mot, sont remplies de cette terreur portée à l'excès.

Je sçai bien que les Tragiques Grecs, d'ailleurs superieurs aux Anglois, ont erré en prenant souvent l'horreur pour la terreur ;

reur, & le dégoûtant & l'incroyable pour le tragique & le merveilleux. L'Art étoit dans son enfance à Athènes du temps d'Achille, comme à Londres du temps de Shakespear; mais parmi les grandes fautes des Poëtes Grecs, & même des vôtres, on trouve un vray pathétique & de singuliéres beautez; & si quelques François qui ne connoissent les Tragédies & les mœurs étrangeres que par des traductions & sur des oüi-dire, les condamnent sans aucune restriction, ils sont, ce me semble, comme des aveugles, qui assureroient qu'une roze ne peut avoir de couleurs vives, parce qu'ils en compteroient les épines à tâtons.

Mais si les Grecs & vous, vous passez les bornes de la bienséance, & si surtout les Anglois ont donné des spectacles effroyables, voulant en donner de terribles; nous autres François aussi scrupuleux que vous avez été témeraires, nous nous arrétons trop de peur de nous emporter, & quelquefois nous n'arrivons pas au tragique, dans la crainte d'en passer les bornes.

Je suis bien loin de proposer que la Scène devienne un lieu de carnage, comme elle l'est dans Shakespear, & dans ses successeurs, qui n'ayant pas son génie, n'ont imité que ſes défauts ; mais j'oſe croire qu'il y a des ſituations qui ne paroiſſent encore que dégoûtantes & horribles aux François, & qui bien ménagées, repréſentées avec art, & ſurtout adoucies par le charme des beaux vers, pourroient nous faire une ſorte de plaiſir, dont nous ne nous doutons pas.

> Il n'eſt point de ſerpent ni de monſtre odieux,
> Qui par l'Art imité ne puiſſe plaire aux yeux.

Du moins que l'on me diſe pourquoi il eſt permis à nos Héros & à nos Héroïnes de Théâtre de ſe tuer, & qu'il leur eſt défendu de tuer perſonne? La Scène eſt-elle moins enſanglantée par la mort d'Atalide qui ſe poignarde pour ſon Amant, qu'elle ne le ſeroit par le meurtre de Céſar? Et ſi le ſpectacle du fils de Caton qui paroît mort aux yeux de ſon pere, eſt l'occaſion d'un diſcours admirable de ce vieux Romain, ſi ce morceau a été applaudi en Angleterre & en Italie par ceux qui ſont les plus grands partiſans de la bienſéance Françoiſe, ſi les femmes les plus délicates n'en ont point été choquées, pourquoi les François ne s'y accoutumeroient-ils pas? la nature n'eſt-elle pas la même dans tous les hommes?

Toutes ces loix de ne point enſanglanter la Scène, de ne point faire parler plus de trois Interlocuteurs, &c. sont des loix qui, ce me semble, pourroient avoir quelques exceptions parmi nous, comme elles en ont eu chez les Grecs; il n'en est pas des regles de la bienséance toujours un peu arbitraire, comme des régles fondamentales du Théâtre qui sont les trois unitez. Il y auroit de la foiblesse & de la stérilité à étendre une action au-delà de l'espace du tems & du lieu convenables. Demandez à quiconque aura inséré dans une Piéce trop d'événemens, la raison de cette faute: s'il est de bonne foi, il vous dira qu'il n'a pas eu assez de génie pour remplir sa Piéce d'un seul fait, & s'il prend deux jours & deux villes pour son action, croyez que c'est parce qu'il n'auroit pas eu l'adresse de la resserrer dans l'espace de trois heures, & dans l'enceinte d'un Palais, comme l'éxige la vraisemblance.

Bienséances & unitez.

Il en est tout autrement de celui qui hazarderoit un spectacle horrible sur le Théâtre; il ne choqueroit point la vraisemblance, & cette hardiesse loin de supposer de la foiblesse dans l'Auteur, demanderoit au contraire un grand génie, pour mettre par ses vers de la véritable grandeur dans une action qui sans un stile sublime, ne seroit qu'atroce & dégoûtante.

Cinquiémes Acte de Rodogune.

Voilà ce qu'a osé tenter une fois notre Grand Corneille dans sa Rodogune. Il fait paroître une mere qui en présence de sa Cour & d'un Ambassadeur, veut empoisonner son fils & sa belle-fille après avoir tué son autre fils de sa propre main ; elle leur présente la coupe empoisonnée, & sur leur refus & leurs soupçons, elle la boit elle-même, & meurt du poison qu'elle leur destinoit.

Des coups aussi terribles ne doivent pas être prodiguez, & il n'appartient pas à tout le monde d'oser les frapper. Ces nouveautez demandent une grande circonspection, & une exécution de Maître. Les Anglois eux-mêmes avouent que Shakespear, par exemple, a été le seul parmi eux qui ait pû faire évoquer & parler des ombres avec succès.

Within that circle none durst walk, but he.

Pompe & dignité du spectacle dans la Tragédie.

Plus une action théâtrale est majestueuse ou effrayante, plus elle deviendroit insipide, si elle étoit souvent répétée ; à peu près comme les détails de batailles, qui étant par eux-mêmes ce qu'il y a de plus terrible, deviennent froids & ennuyeux, à force de reparoître souvent dans les Histoires.

La ſeule Piéce où M. de Racine ait mis du ſpectacle, c'eſt ſon chef-d'œuvre d'Athalie. On y voit un enfant ſur un Trône, ſa nourrice & des Prêtres qui l'environnent; une Reine qui commande à ſes Soldats de le maſſacrer, des Levites armez qui accourent pour le défendre. Toute cette action eſt pathétique; mais ſi le ſtile ne l'étoit pas auſſi, elle n'étoit que puérile.

Plus on veut frapper les yeux par un appareil éclatant, plus on s'impoſe la néceſſité de dire de grandes choſes; autrement on ne ſeroit qu'un décorateur, & non un Poëte Tragique. Il y a près de trente années qu'on répréſenta la Tragédie de Monteſume à Paris, la Scène ouvroit par un ſpectacle nouveau; c'étoit un Palais d'un goût magnifique & barbare; Monteſume paroiſſoit avec un habit ſingulier; des Eſclaves armez de fléches étoient dans le fonds; autour de lui étoient huit Grands de ſa Cour, proſternez le viſage contre terre: Monteſume commençoit la Piéce en leur diſant,

> Levez-vous, votre Roi vous permet aujourd'hui
> Et de l'enviſager, & de parler à lui.

Ce ſpectacle charma, mais voilà tout ce qu'il y eut de beau dans cette Tragédie.

Pour moi j'avouë que ce n'a pas été ſans quelque crainte que j'ai introduit ſur la Scène Françoiſe le Sénat de Rome en robbes rouges, allant aux Opinions. Je me ſouvenois que lorſque j'introduiſis autrefois dans OEdipe un Chœur de Thébains qui diſoit,

> O mort, nous implorons ton funeſte ſecours.
> O mort, viens nous ſauver, viens terminer nos jours.

Le Parterre au lieu d'être frappé du pathétique qui pouvoit être en cet endroit, ne ſentit d'abord que le prétendu ridicule d'avoir mis ces vers dans la bouche d'Acteurs peu accoutumez, & il fit un éclat de rire. C'eſt ce qui m'a empêché dans Brutus de faire parler les Sénateurs, quand Titus eſt accuſé devant eux, & d'augmenter la terreur de la ſituation, en exprimant l'étonnement & la douleur de ces Péres de Rome, qui ſans doute devroient marquer leur ſurpriſe autrement que par un jeu muet qui même n'a pas été exécuté.

Au reſte, MYLORD, s'il y a quelques endroits paſſables dans cet Ouvrage, il faut que j'avouë que j'en ai l'obligation à des Amis qui penſent comme vous. Ils m'encourageoient à temperer l'auſtérité de Brutus par l'amour paternel, afin qu'on admirât & qu'on plaignît l'effort qu'il se fait en condamnant son fils. Ils m'exhortoient à donner à la jeune Tullie un caractere de tendresse & d'innocence, parce que si j'en avois fait une Héroïne altiere, qui n'eût parlé à Titus que comme à un Sujet qui devoit servir son Prince; alors Titus auroit été avili, & l'Ambassadeur eût été inutile. Ils vouloient que Titus fût un jeune homme furieux dans ses passions, aimant Rome & son Pere, adorant Tullie, se faisant un devoir d'être fidéle au Sénat même dont il se plaignoit, & emporté loin de son devoir par une passion dont il avoit cru être le maître.

Conseils d'un excellent Critique.

En effet, si Titus avoit été de l'avis de sa Maitresse, & s'étoit dit à lui-même de bonnes raisons en faveur des Rois, Brutus alors n'eût été regardé que comme un Chef de Rebelles, Titus n'auroit plus eu de remords, son Pere n'eût plus excité la pitié.

Gardez, me disoient-ils, que les deux enfans de Brutus paroissent sur la Scène; vous sçavez que l'intérêt est perdu quand il se partage: mais surtout que votre Piéce soit simple; imitez cette beauté des Grecs, croyez que la multiplicité des événemens & des intérêts compliquez, n'eſt que la reſſource des génies ſtériles, qui ne ſçavent pas tirer d'une ſeule paſſion de quoi faire cinq Actes. Tâchez de travailler chaque Scène comme ſi c'étoit la ſeule que vous euſſiez à écrire. Ce ſont les beautez de détail qui ſoutiennent les Ouvrages en vers, & qui les font paſſer à la poſtérité. C'eſt ſouvent la maniere ſinguliere de dire des choſes communes, c'eſt cet Art d'embellir par la diction ce que penſent, & ce que ſentent tous les hommes, qui fait les Grands Poëtes. Il n'y a ni ſentimens recherchez, ni avanture Romaneſque dans le quatriéme Livre de Virgile; il eſt tout naturel, & c'eſt l'effort de l'eſprit humain. M. Racine n'eſt ſi au-deſſus des autres qui ont tous dit les mêmes choſes que lui, que parce qu'il les a mieux dites. Corneille n'eſt véritablement Grand, que quand il s'exprime auſſi-bien qu'il penſe. Souvenez-vous de ce précepte de M. Deſpreaux,

> Et que tout ce qu'il dit facile à retenir,
> De ſon Ouvrage en vous laiſſe un long ſouvenir.

Voilà ce que n'ont point tant d'Ouvrages Dramatiques, que l'Art d'un Acteur, & la figure & la voix d'une Actrice ont fait valoir ſur nos Théâtres. Combien de Piéces mal écrites ont eû plus de repréſentations que Cinna & Britannicus ; mais on n'a jamais retenu deux vers de ces foibles Poëmes, au lieu qu'on ſçait Britannicus & Cinna par cœur. En vain le Regulus de Pradon a fait verſer des larmes par quelques ſituations touchantes, l'Ouvrage & tous ceux qui lui reſſemblent ſont mépriſez, tandis que leurs Auteurs s'applaudiſſent dans leurs Préfaces.

Il me ſemble, MYLORD, que vous m'allez demander comment des Critiques ſi judicieux ont pû me permettre de parler d'amour dans une Tragédie dont le titre eſt *Junius Brutus*, & de mêler cette paſſion avec l'auſtére vertu du Sénat Romain, & la politique d'un Ambaſſadeur ? De l'amour.

On reproche à notre Nation d'avoir amolli le Théâtre par trop de tendreſſe, & les Anglois méritent bien le même reproche depuis près d'un ſiécle ; car vous avez toujours un peu pris nos modes & nos vices. Mais me permettrez-vous de vous dire mon ſentiment ſur cette matiere ?

Vouloir de l'amour dans toutes les Tragédies me paroît un goût efféminé ; l'en proſcrire toujours eſt une mauvaiſe humeur bien déraiſonnable.

Le Théâtre soit Tragique, soit Comique, est la peinture vivante des passions humaines ; l'ambition d'un Prince est représentée dans la Tragédie ; la Comédie tourne en ridicule la vanité d'un Bourgeois. Ici vous riez de la coquetterie & des intrigues d'une Citoyenne ; là vous pleurez la malheureuse passion de Phédre ; de même l'amour vous amuse dans un Roman, & il vous transporte dans la Didon de Virgile.

L'amour dans une Tragédie n'est pas plus un défaut essentiel, que dans l'Enéïde ; il n'est à reprendre que ; quand il est amené mal à propos, ou traité sans Art.

Les Grecs ont rarement hazardé cette passion sur le Théâtre d'Athènes. Premiérement, parce que leurs Tragédies n'ayant roulé d'abord que sur des sujets terribles, l'esprit des Spectateurs étoit plié à ce genre de spectacles ; secondement, parce que les femmes menoient une vie infiniment plus retirée que les nôtres, & qu'ainsi le langage de l'amour n'étant pas comme aujourd'hui le sujet de toutes les conversations, les Poëtes en étoient moins invitez à traiter cette passion, qui de toutes est la plus difficile à représenter, par les ménagemens infinis qu'elle demande.

Une troisiéme raison qui me paroit assez forte, c'est que l'on n'avoit point de Comédiennes ; les rolles de femme étoient jouez par des hommes masquez. Il semble que l'amour eût été ridicule dans leur bouche.

C'est tout le contraire à Londres & à Paris, & il faut avouer que les Auteurs n'auroient guéres entendu leurs intérêts, ni connu leur auditoire, s'ils n'avoient jamais fait parler les Oldeélds, ou les Duclos & les Lecouvreur, que d'ambition & de politique.

Le mal est que l'amour n'est souvent chez nos Héros de Théâtre que de la galanterie, & que chez les vôtres il dégenere quelquefois en débauche.

Dans notre Alcibiade, Piéce très-suivie, mais foiblement écrite, & ainsi peu estimée, on a admiré long-tems ces mauvais vers que récitoit d'un ton séduisant l'Esopus du dernier siécle.

Ah ! lorsque pénetré d'un amour véritable,
Et gémissant aux pieds d'un objet adorable,
J'ai connu dans ses yeux timides ou distraits
Que mes soins de son cœur ont pû troubler la paix,
Que par l'aveu secret d'une ardeur mutuelle
La mienne a pris encore une force nouvelle.

Dans ces momens si doux j'ai cent fois éprouvé,
Qu'un mortel peut gouter un bonheur achevé.

Dans votre Venise sauvée, le vieux Renaud veut violer la femme de Jaffier, & elle s'en plaint en termes assez indécens, jusqu'à dire qu'il est venu à elle *un button d.*

Pour que l'amour soit digne du Théâtre Tragique, il faut qu'il soit le nœud nécessaire de la Piéce, & non qu'il soit amené par force pour remplir le vuide de vos Tragédies & des nôtres qui sont toutes trop longues; il faut que ce soit une passion véritablement Tragique, regardée comme une foiblesse, & combattuë par des remords: Il faut ou que l'amour conduise aux malheurs & aux crimes, pour faire voir combien il est dangereux, ou que la vertu en triomphe, pour montrer qu'elle n'est pas invincible; sans cela ce n'est plus qu'un amour d'Eglogue ou de Comédie.

C'est à vous, MYLORD, à décider si j'ai rempli quelques-unes de ces conditions; mais que vos Amis daignent surtout ne point juger du génie & du goût de notre Nation par ce Discours, & par cette Tragédie que je vous envoye. Je suis peut-être un de ceux qui cultivent les Lettres en France avec moins de succès; & si les sentimens que je soumets ici à votre censure, sont désapprouvez, c'est à moi seul qu'en appartient le blâme.

Au reste, je dois vous dire que dans le grand nombre de fautes dont cette Tragédie est pleine, il y en a quelques-unes contre l'exacte pureté de notre Langue. Je ne suis point un Auteur assez considérable pour qu'il me soit permis de passer quelquefois pardessus les régles séveres de la Grammaire.

Il y a un endroit où Tullie dit,

> Rome & moi dans un jour ont vû changer leur sort.

Il falloit dire pour parler purement,

> Rome & moi dans un jour avons changé de sort.

J'ai fait la même faute en deux ou trois endroits, & c'est beaucoup trop dans un Ouvrage dont les défauts sont rachetez par si peu de beautez.

Catalogue abregé de quelques Livres qui se trouvent chez le même Libraire.

L'Antiquité du P. Montfaucon en 15 Volumes in folio.

Histoire des Juifs par M. Arnaud d'Andilly, in fol. remplie de planches gravées en taille-douce d'Hollande.

Histoire generale d'Espagne de Mariana, traduite en François, en six Vol. in quarto, avec des Cartes, des Notes, & des Médailles.

Histoire d'Angleterre de Rapin Thoiras, in 4. 10. Vol. de Hollande.

La Henriade de M. de Voltaire, in 8. Nouvelle Edition de Londres, corrigée & augmentée par l'Auteur de beaucoup de Vers, de Notes, & d'une Préface Historique. 1731.

*De M. d'*HAMILTON.

Le Conte du Bélier, in 12. 1730.

Les quatre Facardins, in 12. 1730.

Histoire de Fleur d'Epine, in 12. 1730.

Oeuvres mêlées en Prose & en Vers par le même, in 12. 1731.

Mémoires de la vie du Comte de Grammont par le même. Nouvelle Edition, in 12. 1731. d'Hollande, corrigée & augmentée d'une Epitre Dédicatoire, & d'un Abregé de la Vie de l'Auteur.

Essay Philosophique concernant l'entendement

humain par M. Locke, in 4. de Hollande.

Mémoires de la vie du Czar dernier mort. in 12. 4. Vol. d'Hollande.

Oeuvres de M. l'Abbé de S.Réal. Nouvelle Edition corrigée & augmentée en 5 vol. in 12. 1730.

Les Oeuvres de Rousseau, in 12. 4. vol. d'Hollande, avec toutes les figures.

Métamorphoses d'Ovide, par M. l'Abbé Banier, in 12. 3 vol. avec Figures.

Amosis Prince Egyptien. Histoire merveilleuse.

Hypalque Prince Scythe. Histoire merveilleuse.

Les Freres jumeaux. Nouvelle Historique tirée de l'Espagnol, in 12. 1730.

Les Veillées de Thessalie, in 12. 1731. sous presse.

Amusemens sérieux & comiques par Dufreny, in 12.

Lettres sur les Anglois & sur les François, & sur les voyages, in 12. d'Hollande.

Oeuvres d'Horace par M. Dacier, in 12. 10 vol. de Hollande.

Le Térence de Madame Dacier, in 12. 3. vol. remplis de Figures de Hollande.

Nouveaux Contes à rire, ou Avantures plaisantes, in 12. 2. vol. de Hollande, remplis de Figures.

Supplément au Dictionnaire de M. Bayle, in fol. Genêve.

ACTEURS.

JUNIUS BRUTUS,	Consuls.
VALERIUS PUBLICOLA,	

TITUS, fils de Brutus.

TULLIE, fille de Tarquin.

ALGINE, Confidente de Tullie.

ARONS, Ambassadeur de Porsenna.

MESSALA, Ami de Titus.

PROCULUS, Tribun Militaire.

ALBIN, Confident d'Arons.

SENATEURS.

LICTEURS.

BRUTUS

BRUTUS.

ACTE PREMIER.

SCENE I.

Le Théâtre représente une partie de la Maison des Consuls sur le Mont Tarpeïen ; le Temple du Capitole se voit dans le fonds. Les Sénateurs sont assemblés entre le Temple & la Maison, devant l'Autel de Mars. Brutus & Valerius Publicola, Consuls, président à cette assemblée ; les Sénateurs sont rangés en demi cercle. Des Licteurs avec leurs faisceaux sont debout derriere les Sénateurs.

BRUTUS.

Destructeurs des Tirans, vous qui n'avez pour Rois
Que les Dieux de Numa, vos Vertus, & nos Loix ;
Enfin notre Ennemi commence à nous connoître.
Ce superbe Toscan, qui ne parloit qu'en maître,

Porſenna, de Tarquin, ce formidable appui,
Ce Tyran, Protecteur d'un Tyran comme lui,
Qui couvre, de ſon camp, les rivages du Tibre;
Reſpecte le Senat, & craint un Peuple libre.
Aujourd'hui devant vous, abaiſſant ſa hauteur,
Il demande à traitter par un Ambaſſadeur;
Arons qu'il nous député, en ce moment s'avance;
Aux Senateurs de Rome il demande audience;
Il attend dans ce Temple: & c'eſt à vous de voir
S'il le faut refuſer, s'il le faut recevoir.

VALERIUS PUBLICOLA.

Quoiqu'il vienne annoncer, quoiqu'on puiſſe en at tendre;
Il le faut à ſon Roy renvoyer, ſans l'entendre;
Tel eſt mon ſentiment. Rome ne traite plus
Avec ſes Ennemis, que quand ils ſont vaincus.
Votre Fils, il eſt vrai, vangeur de ſa Patrie,
A deux fois repouſſé le Tiran d'Etrurie;
Je ſçai tout ce qu'on doit à ſes vaillantes mains;
Je ſçai qu'à votre exemple il ſauva les Romains;

Mais ce n'eſt point aſſez. Rome, aſſiegée encore,
Voit dans les champs voiſins ces Tirans qu'elle ab-
horre.
Que Tarquin ſatisfaſſe aux Ordres du Sénat,
Exilé par nos Loix, qu'il ſorte de l'Etat,
De ſon coupable aſpect, qu'il purge nos Frontiéres:
Et nous pourrons enſuite écouter ſes priéres.
Ce nom d'Ambaſſadeur a paru vous frapper;
Tarquin n'a pû nous vaincre, il cherche à nous
tromper.
L'Ambaſſadeur d'un Roy m'eſt toujours redoutable,
Ce n'eſt qu'un ennemi, ſous un titre honorable,
Qui vient, rempli d'orgueil, ou de dexterité,
Inſulter ou trahir, avec impunité.
Rome! n'écoute point leur ſéduiſant langage;
Tout art t'eſt étranger, combattre eſt ton partage;
Confonds tes ennemis, de ta gloire irrités;
Tombe, ou puni les Rois; ce ſont-là tes traités.

BRUTUS.

Rome sçait à quel point sa liberté m'est chére,
Mais, plein du même esprit, mon sentiment différe;
Je voy cette Ambassade, au nom des Souverains,
Comme un premier hommage aux citoyens Romains;
Accoutumons des Rois la fierté despotique,
A traiter en égale avec la République,
Attendant que du Ciel remplissant les décrets,
Quelque jour avec elle ils traitent en sujets.
Arons vient voir ici Rome, encor chancelante,
Découvrir les ressorts de sa grandeur naissante,
Epier son génie, observer son pouvoir;
Romains, c'est pour cela qu'il le faut recevoir.
L'ennemi du Sénat connoîtra qui nous sommes;
Et l'esclave d'un Roy va voir enfin des hommes.
Que dans Rome à loisir il porte ses regards;
Il la verra dans vous, vous êtes ses remparts.
Qu'il revere en ces lieux le Dieu qui nous rassemble;
Qu'il paroisse au Sénat, qu'il l'écoute, & qu'il tremble.

Les Sénateurs se levent, & s'approchent un moment, pour donner leurs voix.

VALERIUS PUBLICOLA.

Je vois tout le Sénat passer à votre avis.
Rome & vous, l'ordonnez. A regret j'y souscris ;
Licteurs, qu'on l'introduise ; & puisse sa présence
N'apporter en ces lieux rien dont Rome s'offense.

A Brutus.

C'est sur vous seul ici que nos yeux sont ouverts ;
C'est vous qui le premier avez rompu nos fers ;
De notre liberté soûtenez la querelle ;
Brutus en est le pere, & doit parler pour elle.

SCENE II.

LE SENAT, ARONS, ALBIN, SUITE.

Arons entre par le côté du Theâtre, précedé de deux Licteurs, & d'Albin son Confident, il passe devant les Consuls & le Sénat, qu'il saluë, & il va s'asseoir sur un siege préparé pour lui sur le devant du Theâtre.

ARONS.

Consuls, & vous Sénat, qu'il m'est doux d'être admis
Dans ce Conseil sacré de sages Ennemis !

De voir tous ces Héros, dont l'équité févére
N'eut jufques aujourd'hui qu'un réproche à fe faire;
Témoin de leurs exploits, d'admirer leurs vertus,
D'écouter Rome enfin, par la voix de Brutus;
Loin des cris de ce peuple indocile & barbare,
Que la fureur conduit, réünit & fépare,
Aveugle dans fa haine, aveugle en fon amour,
Qui ménace & qui craint, regne & fert en un jour;
Dont l'audace...............

BRUTUS.

Arrêtez, fçachez qu'il faut qu'on nomme
Avec plus de refpect les Citoyens de Rome;
La gloire du Sénat eft de repréfenter
Ce Peuple vertueux, que l'on ofe infulter.
Quittés l'art avec nous, quittés la flatterie;
Ce poifon qu'on prépare à la Cour d'Etrurie,
N'eft point encore connu dans le Sénat Romain.
Pourfuivez

ARONS.

Moins piqué d'un difcours fi hautain,

Que touché des malheurs où cet Etat s'expose,
Comme un de ses enfans j'embrasse ici sa cause;
Vous voyez quel orage éclate autour de vous;
C'est en vain que Titus en détourna les coups;
Je vois avec regret, sa valeur & son zèle
N'assûrer aux Romains qu'une chute plus belle:
Sa victoire affoiblit vos remparts désolés.
Du sang qui les inonde ils semblent ébranlés.
Ah! ne réfusez plus une paix nécessaire.
Si du Peuple Romain le Sénat est le pére,
Porsenna l'est des Rois que vous persécutez.
Mais vous, du nom Romain vangeurs si redoutés,
Vous des droits des mortels éclairés interprétes,
Vous qui jugez les Rois, regardés où vous êtes;
Voici ce Capitole, & ces mêmes Autels,
Où jadis, attestant tous les Dieux immortels,
J'ai vû chacun de vous, brûlant d'un autre zèle,
A Tarquin votre Roy, jurer d'être fidèle,
Quels Dieux ont donc changé les droits des Souverains?
Quel pouvoir a rompu des noeuds jadis si saints?

Qui du front de Tarquin ravit le diadême?
Qui peut de vos ſermens vous dégager?

BRUTUS.

Lui-même.
N'alleguez point ces nœuds que le crime a rompus,
Ces Dieux qu'il outragea, ces droits qu'il a perdus;
Nous avons fait, Arons, en lui rendant hommage,
Serment d'obéiſſance, & non point d'eſclavage.
Et puiſqu'il vous ſouvient d'avoir vû dans ces lieux
Le Sénat à ſes pieds, faiſant pour lui des voeux;
Songez qu'en ce lieu même, à cet Autel auguſte,
Devant ces mêmes Dieux, il jura d'être juſte,
De ſon Peuple & de lui tel étoit le lien;
Il nous rend nos ſermens, lorſqu'il trahit le ſien;
Et dès qu'aux Loix de Rome il oſe être infidèle,
Rome n'eſt plus ſujette, & lui ſeul eſt rebelle.

ARONS.

Ah! quand il ſeroit vray que l'abſolu pouvoir
Eût entraîné Tarquin par-de-là ſon devoir,
Qu'il en eût trop ſuivi l'amorce enchantereſſe;

Quel homme est sans erreur ? & quel Roi sans foiblesse?
Est-ce à vous de prétendre au droit de le punir ?
Vous nez tous ses sujets, vous faits pour obéir !
Un fils ne s'arme point contre un coupable pére.
Il détourne les yeux, le plaint, & le révére.
Les droits des Souverains, sont-ils moins prétieux?
Nous sommes leurs enfans, leurs Juges sont les Dieux,
Si le Ciel quelquefois les donne en sa colére,
N'allez pas mériter un present plus sévére,
Trahir toutes les Loix, en voulant les vanger,
Et renverser l'Etat, au lieu de le changer.
Instruit par le malheur (ce grand Maître de l'homme)
Tarquin sera plus juste, & plus digne de Rome.
Vous pouvez raffermir par un accord heureux,
Des Peuples & des Rois les légitimes nœuds,
Et faire encor fleurir la liberté publique,
Sous l'ombrage sacré du pouvoir monarchique.

BRUTUS.

Arons, il n'est plus temps; chaque Etat a ses Loix,
Qu'il tient de sa nature, ou qu'il change à son choix;

Esclaves de leurs Rois, & même de leurs Prêtres,
Les Toscans semblent nez pour servir sous des Maîtres;
Et de leur chaîne antique adorateurs heureux,
Voudroient que l'Univers fut esclave comme eux.
La Grece entiere est libre, & la molle Ionie
Sous un joug odieux languit assujettie.
Rome eut ses Souverains, mais jamais absolus.
Son premier citoyen fut le grand Romulus;
Nous partagions le poids de sa grandeur suprême;
Numa, qui fit nos Loix, y fut soûmis lui-même;
Rome enfin, je l'avoüe, a fait un mauvais choix:
Chez les Toscans, chez vous, elle a choisi ses Rois;
Ils nous ont apporté du fond de l'Etrurie
Les vices de leur Cour, avec la tyrannie.

Il se leve;

Pardonnez-nous grands Dieux! si le Peuple Romain
A tardé si long-temps à condanner Tarquin.
Le sang qui regorgea sous ses mains meurtrieres,
De notre obéissance a rompu les barrieres.
Sous un Sceptre de fer tout ce Peuple abbatu,

A force de malheurs a repris ſa vertu ;
Tarquin nous a remis dans nos droits légitimes ;
Le bien public eſt né de l'excès de ſes crimes :
Et nous donnons l'éxemple à ces mêmes Toſcans,
S'ils pouvoient, à leur tour, être las des Tirans.

Les Conſuls deſcendent vers l'Autel, & le Sénat ſe leve.

O Mars ! Dieu des Héros, de Rome, & des batailles,
Qui combats avec nous, qui défends ces murailles !
Sur ton Autel ſacré, Mars, reçoi nos ſermens,
Pour ce Sénat, pour moi, pour tes dignes enfans !
Si dans le ſein de Rome il ſe trouvoit un traitre,
Qui regrettât les Rois, & qui voulût un maître,
Que le perfide meure au milieu des tourments :
Que ſa cendre coupable, abandonnée aux vents,
Ne laiſſe ici qu'un nom, plus odieux encore
Que le nom des Tyrans, que Rome entiere abhorre.

ARONS,

avançant vers l'Autel.

Et moi, ſur cet Autel qu'ainſi vous profanez,
Je jure au nom du Roy que vous abandonnez,

Au nom de Porſenna, vangeur de ſa querelle,
A vous, à vos enfans, une guerre immortelle.

Les Senateurs font un pas vers le Capitole.

Senateurs arrêtez, ne vous ſéparez pas;
Je ne me ſuis pas plaint de tous vos attentats;
La Fille de Tarquin, dans vos mains demeurée,
Eſt-elle une victime, à Rome conſacrée?
Et donnez-vous des fers à ſes royales mains,
Pour mieux braver ſon pere, & tous les Souverains?
Que dis-je! tous ces biens, ces tréſors, ces richeſſes,
Que des Tarquins dans Rome épuiſoient les largeſſes,
Sont-ils votre conquête, ou vous ſont-ils donnez?
Eſt-ce pour les ravir que vous le détrônez?
Sénat, ſi vous l'oſez, que Brutus les dénie.

BRUTUS, *ſe tournant vers* ARONS.

Vous connoiſſez bien mal, & Rome, & ſon génie.
Ces Senateurs & moi, vangeurs de l'équité,
Ont blanchi dans la pourpre, & dans la pauvreté.
Au-deſſus des tréſors, que ſans peine ils vous cédent;
Leur gloire eſt de dompter les Rois qui les poſſédent.

Prenez cet Or, Arons, il est vil à nos yeux.
Quant au malheureux Sang d'un Tiran odieux,
Malgré la juste horreur que j'ai pour sa Famille,
Le Sénat à mes soins a confié sa fille.
Elle n'a point ici de ces respects flatteurs,
Qui des enfans des Rois empoisonnent les cœurs;
Elle n'a point trouvé la pompe & la mollesse,
Dont la Cour des Tarquins enivra sa jeunesse.
Mais je sçais ce qu'on doit de bontez & d'honneur,
A son sexe, à son âge, & sur tout au malheur.
Dès ce jour en son camp que Tarquin la revoye,
Mon cœur même en conçoit une secrette joye.
Qu'aux Tyrans désormais rien ne reste en ces lieux,
Que la haine de Rome, & le courroux des Dieux.
Pour emporter au camp l'Or qu'il faut y conduire,
Rome vous donne un jour; ce temps doit vous suffire;
Ma maison cependant est votre sûreté:
Joüissez-y des droits de l'hospitalité.
Voilà ce que par moi le Sénat vous annonce.
Ce soir à Porsenna reportez sa réponse,

Reportez-lui la guerre : & dites à Tarquin
Ce que vous avez vû, dans le Sénat Romain.

Aux Sénateurs.

Et nous du Capitole, allons orner le faîte
Des lauriers, dont mon fils vient de ceindre sa tête ;
Suspendons ces drapeaux, & ces dards tout sanglans,
Que ses heureuses mains ont ravis aux Toscans,
Ainsi puisse toujours, plein du même courage,
Mon sang, digne de vous, vous servir d'âge en âge.
Dieux, protegez ainsi contre nos Ennemis
Le Consulat du Pere, & les armes du Fils !

SCENE III.

ARONS, ALBIN,

Qui sont supposés être entrés de la salle d'Audience dans un autre appartement de la maison de Brutus.

ARONS.

As-tu bien remarqué cet orgueuil infléxible,
Cet esprit d'un Sénat, qui se croit invincible ?
Il le seroit Albin, si Rome avoit le temps

D'affermir cette audace au cœur de ses enfans ;
Croi-moi, la liberté que tout mortel adore,
Que je veux leur ôter, mais que j'admire encore,
Donne à l'homme un courage, inspire une grandeur,
Qu'il n'eût jamais trouvés dans le fond de son cœur.
Sous le joug des Tarquins, la Cour & l'esclavage
Amolissoit leurs mœurs, énervoit leur courage ;
Leurs Rois trop occupés à dompter leurs sujets,
De nos heureux Toscans, ne troubloient point la paix.
Mais si ce fier Sénat réveille leur génie,
Si Rome est libre, Albin, c'est fait de l'Italie.
Ces Lions, que leur Maître avoit rendus plus doux,
Vont reprendre leur rage, & s'élancer sur nous.
Etouffons dans leur sang la semence féconde,
Des maux de l'Italie, & des troubles du monde ;
Affranchissons la terre, & donnons aux Romains
Ces fers qu'ils destinoient au reste des humains.
Messala viendra-t'il ? pourrai-je ici l'entendre ?
Osera-t'il.....

ALBIN.

Seigneur, il doit ici ſe rendre;
A toute heure il y vient. Titus eſt ſon appui.

ARONS.

As-tu pu lui parler? puis-je compter ſur lui?

ALBIN.

Seigneur, ou je me trompe, ou Meſſala conſpire,
Pour changer ſes deſtins plus que ceux de l'Empire.
Il eſt ferme, intrépide, autant que ſi l'honneur
Ou l'amour du païs excitoient ſa valeur;
Maître de ſon ſecret, & maître de lui-même;
Impénétrable, & calme, en ſa fureur extrême.

ARONS.

Tel autre fois dans Rome il parut à mes yeux;
Lorſque Tarquin, régnant, me reçut dans ces lieux;
Et ſes Lettres depuis, ... mais je le vois paroître.

SCENE IV.

SCENE IV.

ARONS, MESSALA, ALBIN.

ARONS.

GEnéreux Meſſala, l'appuy de votre maître,
Eh bien, l'Or de Tarquin, les préſens de mon Roy
Des Sénateurs Romains, n'ont pu tenter la foy!
Les plaiſirs d'une Cour, l'eſpérance, la crainte,
A ces cœurs endurcis, n'ont pu porter d'atteinte!
Ces fiers Patriciens, ſont-ils autant de Dieux
Jugeant tous les mortels, & ne craignant rien d'eux?
Sont-ils ſans paſſion, ſans interêt, ſans vice?

MESSALA.

Ils oſent s'en vanter; mais leur feinte juſtice,
Leur âpre auſtérité, que rien ne peut gagner,
N'eſt dans ces cœurs hautains que la ſoif de regner;
Leur orgueïl foule aux pieds l'orgueïl du Diadême;
Ils ont briſé le joug, pour l'impoſer eux-même;

De notre liberté ces illuſtres vangeurs,
Armés pour la défendre, en ſont les oppreſſeurs;
Sous les noms ſéduiſants, de Patrons, & de Peres,
Ils affectent des Rois les démarches altieres;
Rome a changé de fers, & ſous le joug des Grands,
Pour un Roy qu'elle avoit, a trouvé cent Tirans.

ARONS.

Parmi vos Citoyens, en eſt-il d'aſſez ſage,
Pour déteſter tout bas cet indigne eſclavage?

MESSALA.

Peu ſentent leur état, leurs eſprits égarés,
De ce grand changement ſont encore enyvrés;
Le plus vil Citoyen, dans ſa baſſeſſe extrême,
Ayant chaſſé les Rois, penſe être Roy lui-même.
Mais je vous l'ai mandé, Seigneur, j'ai des amis,
Qui ſous ce joug nouveau ſont à regret ſoumis,
Qui dédaignant l'erreur des Peuples imbéciles,
Dans ce torrent fougueux reſtent ſeuls immobiles;
Des mortels éprouvés, dont la tête & le bras
Sont faits pour ébranler, ou changer les Etats.

ARONS.

De ces braves Romains, que faut-il que j'espere?
Serviront-ils leur Prince?

MESSALA.

Ils sont prêts à tout faire;
Tout leur sang est à vous; mais ne prétendez pas
Qu'en aveugles sujets ils servent des ingrats.
Ils ne se piquent point, du devoir fanatique,
De servir de victime au pouvoir despotique,
Ni du zèle insensé de courir au trépas,
Pour vanger un Tiran qui ne les connoît pas.
Tarquin promet beaucoup; mais devenu leur maître
Il les oublira tous, ou les craindra peut-être.
Je connois trop les Grands; dans le malheur amis,
Ingrats dans la fortune, & bien-tôt ennemis:
Nous sommes de leur gloire un instrument servile,
Rejetté par dedain, dès qu'il est inutile,
Et brisé sans pitié, s'il devient dangereux.
A des conditions on peut compter sur eux;
Ils demandent un Chef, digne de leur courage,

Dont le nom ſeul impoſe à ce Peuple volage.
Un Chef aſſez puiſſant, pour obliger le Roy,
Même après le ſuccès, à nous tenir ſa foy;
Ou ſi de nos deſſeins la trame eſt découverte,
Un Chef aſſez hardi pour vanger notre perte.

ARONS.

Mais vous m'aviez écrit que l'orgueilleux Titus....

MESSALA.

Il eſt l'apui de Rome, il eſt fils de Brutus;
Cependant......

ARONS,

De quel œil voit-il les injuſtices;
Dont ce Sénat ſuperbe a payé ſes ſervices?
Lui ſeul a ſauvé Rome; & toute ſa valeur
En vain du Conſulat lui mérita l'honneur;
Je ſçai qu'on le refuſe.

MESSALA.

Et je ſçai qu'il murmure;
Son cœur altier & prompt eſt plein de cette injure;

Pour toute récompense il n'obtient qu'un vain bruit,
Qu'un triomphe frivole, un éclat qui s'enfuit.
J'observe d'assez près son ame impérieuse,
Et de son fier courroux la fougue impétueuse;
Dans le Champ de la Gloire il ne fait que d'entrer;
Il y marche en aveugle, on l'y peut égarer;
La boüillante jeunesse est facile à séduire.
Mais que de Préjugez nous aurions à détruire?
Rome, un Consul, un pere, & la haine des Rois,
Et l'horreur de la honte, & sur tout ses exploits.
Connoissez donc Titus, voyez toute son âme,
Le courroux qui l'aigrit, le poison qui l'enflâme;
Il brûle pour Tullie;

ARONS.

Il l'aimeroit?

MESSALA.

Seigneur,
A peine ai-je arraché ce secret de son cœur,
Il en rougit lui-même: & cette ame infléxible
N'ose avoüer qu'elle aime, & craint d'être sensible;

Parmi les paſſions dont il eſt agité,
Sa plus grande fureur eſt pour la liberté.

ARONS.

C'eſt donc des ſentimens & du cœur d'un ſeul homme
Qu'aujourd'hui, malgré moi, dépend le ſort de Rome !

A Albin.

Ne nous rebutons pas. Préparez-vous Albin,
A vous rendre ſur l'heure aux tentes de Tarquin.

A Meſſala.

Entrons chez la Princeſſe ; un peu d'experience
M'a pu du cœur humain donner quelque ſcience ;
Je lirai dans ſon ame : & peut-être ſes mains
Vont former l'heureux piége, où j'attens les Romains.

Fin du premier Acte.

ACTE SECOND.

SCENE I.

Le Théâtre représente, ou est supposé représenter un Appartement du Palais des Consuls.

TULLIE. ALGINE.

ALGINE.

OUi vous allez regner; le destin moins sévere
Vous rend tout ce qu'il ôte à Tarquin votre pere;
Un hymen glorieux va ranger sous vos loix
Un Peuple obéissant, & fidèle à ses Rois.
Un grand Roy vous attend; l'heureuse Ligurie
Va vous faire oublier cette ingrate Patrie.
Cependant votre coeur ouvert aux déplaisirs,
Dans ses prospérités s'abandonne aux soupirs;
Vous accusez les Dieux qui pour vous s'attendrissent
Vos yeux semblent éteints des pleurs qui les remplissent.

Ah! si mon amitié, partageant vos malheurs,
N'a connu de tourmens, que vos seules douleurs;
Si vous m'aimez, parlez; quel chagrin vous dévore?
Pourriez-vous en partant regretter Rome encore?

TULLIE.

Rome? séjour sanglant de carnage & d'horreur!
Rome? tombeau du Trône & de tout mon bonheur!
Lieux où je suis encore aux fers abandonnée!
Demeure trop funeste au sang dont je suis née;
Rome! pourquoi faut-il qu'en cet affreux séjour
Un Héros vertueux, Titus ait vû le jour?

ALGINE.

Quoi! de Titus encor l'ame préoccupée,
Vous en gémissiez seule, & vous m'aviez trompée?
Quoi! vous qui vous vantiez de ne voir en Titus
Que l'ennemi des Rois, que le fils de Brutus;
Qu'un destructeur du Trône, armé pour sa ruine;
Vous qui le haissiez....

TULLIE.

Je le croïois, Algine,

Honteuſe de moi-même, & de ma folle ardeur,
Je cherchois à douter du crime de mon cœur.
Avec toi renfermée, & fuïant tout le monde,
Me livrant dans tes bras à ma douleur profonde,
Hélas! je me flattois de pleurer avec toi,
Et la mort de mon frere, & les malheurs du Roy.
Ma douleur quelquefois me ſembloit vertueuſe;
Je détournois les yeux de ſa ſource honteuſe;
Je me trompois; pardonne, il faut tout avoüer.
Ces pleurs que tant de fois tu daignas eſſuyer,
Que d'un frere au tombeau me demandoit la cendre,
L'amour les arracha; Titus les fit répandre.
Je ſens trop à ſon nom d'où partoient mes ennuis;
Je ſens combien je l'aime, alors que je le fuis;
Cet ordre, cet hymen, ce départ qui me tuë,
M'arrachent le bandeau, qui me couvroit la vûë;
Tu vois mon ame entiere, & toutes ſes erreurs.

ALGINE.

Fuyez donc à jamais ces fiers Uſurpateurs;
Pour le ſang des Tarquins Rome eſt trop redoutable.

TULLIE.

Hélas ! quand je l'aimai, je n'étois point coupable,
C'eſt toi ſeule, c'eſt toi, qui vantant ſes vertus
Me découvris mes feux, à moi-même inconnus.
Je ne t'accuſe point du malheur de ma vie ;
Mais lorſque dans ces lieux la paix me fut ravie,
Pourquoi démêlois-tu ce timide embarras,
D'un cœur né pour aimer, qui ne le ſçavoit pas ?
Tu me peignois Titus, à la Cour de mon pere
Entraînant tous les cœurs empreſſés à lui plaire ;
Digne du ſang des Rois, qui coule avec le ſien ;
Digne du choix d'un pere, & plus encor du mien.
Hélas ! en t'écoutant ma timide innocence
S'enivra du poiſon d'une vaine eſpérance.
Tout m'aveugla. Je crus découvrir dans ſes yeux,
D'un feu qu'il me cachoit l'aveu reſpectueux ;
J'étois jeune, j'aimois, je croïois être aimée.
Chere & fatale erreur qui m'avez trop charmée !
O douleur ! ô revers plus affreux que la mort !
Rome & moi dans un jour ont vu changer leur ſort.

Le fier Brutus arrive; il parle, on ſe ſouleve;
Sur le Trône détruit, la liberté s'éleve;
Mon Palais tombe en cendre, & les Rois ſont proſcrits,
Tarquin fuit ſes ſujets, ſes Dieux, & ſon Païs;
Il fuit, il m'abandonne, il me laiſſe en partage,
Dans ces lieux déſolés, la honte, l'eſclavage,
La haine qu'on lui porte; &, pour dire encor plus,
Le poids humiliant des bienfaits de Brutus;
La guerre ſe déclare, & Rome eſt aſſiégée;
Rome tu ſuccombois, j'allois être vangée;
Titus, le ſeul Titus, arrête tes deſtins!
Je voi tes murs tremblans, ſoutenus par ſes mains;
Il combat, il triomphe; ô mortelles allarmes!
Titus eſt en tout temps la ſource de mes larmes.

Entens-tu tous ces cris? vois-tu tous ces honneurs
Que ce Peuple décerne à ſes Triomphateurs?
Ces aigles à Tarquin par Titus arrachées,
Ces dépoüilles des Rois à ce Temple attachées;
Ces lambeaux prétieux d'étendarts tout ſanglans,
Ces couronnes, ces chars, ces feſtons, cet encens,

Tout annonce en ces lieux ſa gloire & mon outrage.
Mon cœur, mon lâche cœur l'en chérit davantage.
Par ces triſtes combats, gagnés contre ſon Roy,
Je vois ce qu'il eût fait, s'il combattoit pour moi;
Sa valeur m'éblouït, cet éclat qui m'impoſe,
Me laiſſe voir ſa gloire, & m'en cache la cauſe.

ALGINE.

L'abſence, la raiſon, ce Trône où vous montez,
Rendront un heureux calme à vos ſens agitez;
Vous vaincrez votre amour, & quoiqu'il vous en coute,
Vous ſçaurez...

TULLIE.

Ouï mon cœur le haïra ſans doute.
Ce fier Républicain, tout plein de ſes exploits,
Voit d'un œil de courroux la fille de ſes Rois;
Ce jour, tu t'en ſouviens, plein d'horreur & de gloire;
Ce jour que ſignala ſa prémiere victoire,
Quand Brutus enchanté le reçut dans ces lieux,
Du ſang de mon parti tout couvert à mes yeux;
Incertaine, tremblante, & démentant ma bouche,

J'interdis ma préſence à ce Romain farouche.
Quel penchant le cruel ſentoit à m'obéïr !
Combien depuis ce temps il ſe plaît à me fuir?
Il me laiſſe à mon trouble, à ma foibleſſe extrême,
A mes douleurs.

ALGINE.

On vient. Madame c'eſt lui-même.

SCENE II.

TITUS. TULLIE. ALGINE.

TITUS, *au fond du Théâtre.*

VOyons-la, n'écoutons que mon ſeul déſeſpoir ;

TULLIE.

Dieux! je ne puis le fuir, & tremble de le voir.

TITUS.

Mon abord vous ſurprend, Madame ; & ma préſence
Eſt à vos yeux en pleurs, une nouvelle offenſe ;
Mon cœur s'étoit flatté de vous obéir mieux ;

Mais vous partez. Daignez recevoir les adieux
D'un Romain qui pour vous eût prodigué ſa vie;
Qui ne vous préféra que ſa ſeule Patrie;
Qui le feroit encor; mais qui dans ces combats,
Où l'amour du Païs précipita ſes pas,
Ne chercha qu'à finir ſa vie infortunée;
Puiſqu'à vous offenſer les Dieux l'ont condamnée.

TULLIE.

Dans quel temps à mes yeux le cruel vient s'offrir!
Quoi vous! fils de Brutus, vous que je dois haïr!
Vous, l'auteur inhumain des malheurs de ma vie,
Vous opprimez mon pere, & vous plaignez Tullie?
Dans ce jour de triomphe, & parmi tant d'honneurs,
Venez-vous à mes yeux joüir de mes douleurs?
Tant de gloire ſuffit. N'y joignez point mes larmes.

TITUS.

Le Ciel a de ma gloire empoiſonné les charmes.
Puiſſe ce Ciel pour vous plus juſte deſormais,
A vos malheurs paſſés égaler ſes bienfaits!
Il vous devoit un Trône; allez regner Madame,

Partagez d'un grand Roi la Couronne & la flâme;
Il ſera trop heureux ; il combattra pour vous ;
Et c'eſt le ſeul des Rois dont mon cœur eſt jaloux,
Le ſeul dans l'Univers, digne de mon envie.

TULLIE.

Calme ton trouble affreux, malheureuſe Tullie;
Sortons ... où ſuis-je ?

TITUS.

Hélas! où vais-je m'emporter ?
Mon ſort eſt-il toujours de vous perſécuter ?
Eh bien! voyez mon cœur ; & daignez me connoître.
Je fus votre ennemi, Madame, & j'ai du l'être ;
Mais pour vous en vanger, les deſtins en courroux
M'avoient fait votre eſclave, en m'armant contre vous ;
Ce feu que je condamne, autant qu'il vous offenſe,
Né dans le deſeſpoir, nourri dans le ſilence,
Accru par votre haine, en ces derniers momens
Ne peut plus devant vous ſe cacher plus long-temps ;
Puniſſez, confondez un aveu téméraire ;

Secondez mes remords, armez votre colere;
Je n'attens, je ne veux ni pardon, ni pitié;
Et ne mérite rien que votre inimitié.

TULLIE.

Quels maux tu m'as causez, Brutus inéxorable!

TITUS.

Vangez-vous sur son fils, il est le seul coupable.
Punissez ses exploits, ses feux, ses cruautez;
Il poursuit votre Pere, il vous aime.

TULLIE.

Arrétez;...

Vous sçavez qui je suis, & qu'un Romain peut-être
Devoit plus de respect au sang qui m'a fait naître;
Mais je ne m'arme point contre un fils de Brutus,
Du vain orguëil d'un rang qu'il ne reconnoît plus.
Je suis dans Rome encor, mais j'y suis prisonniere;
Je porte ici le poids des malheurs de mon pere;
Mes maux sont votre ouvrage: & j'ose me flatter
Qu'un Héros tel que vous n'y veut point insulter,

Qu'il ne recherche point la criminelle gloire,
De tenter ſur mon cœur une indigne victoire.
Mais ſi pour comble enfin de mes deſtins affreux
J'ai ſur vous en effet ce pouvoir malheureux,
Si le cœur d'un Romain connoît l'obéiſſance,
Si je puis commander, évitez ma préſence;
Pour la derniere fois, ceſſez de m'accabler,
Et reſpectez les pleurs que vos mains font couler.

SCENE III.

TITUS *ſeul.*

QU'ai-je dit? que ferai-je? & que viens-je d'entendre?
Juſqu'où ma paſſion m'a-t-elle pû ſurprendre?
Ah! pourquoi faites-vous, deſtin trop rigoureux,
Du jour de mon triomphe un jour ſi malheureux?

SCENE IV.

TITUS. MESSALA.

TITUS.

Messala, c'eſt-à-toi qu'il faut que je confie
Le trouble, le ſecret, le crime de ma vie;
Les orages ſoudains de mon cœur agité.

MESSALA.

Quoi, Seigneur! du Sénat l'injuſte autorité...?

TITUS.

L'amour, l'ambition, le Sénat, tout m'accable.
De ce Conſeil de Rois l'orguëil inſupportable
Mépriſe ma jeuneſſe, & me diſpute un rang
Brigué par ma valeur, & payé par mon ſang;
Au milieu du dépit, dont mon ame eſt ſaiſie,
Je perds tout ce que j'aime, on m'enleve Tullie.
On te l'enleve? hélas! trop aveugle courroux,
Tu n'oſois y prétendre, & ton cœur eſt jaloux.

Dieux! j'ai parlé; ce feu que j'avois sçû contraindre,
S'irrite en s'échapant, & ne peut plus s'éteindre.
Hélas! ç'en étoit fait; elle partoit; mon cœur
De sa funeste flamme alloit être vainqueur.
Je devenois Romain, je sortois d'esclavage;
Mais le Ciel a marqué ce terme à mon courage.
Quoi! le fils de Brutus, un Soldat, un Romain,
Aime, idolâtre ici la fille de Tarquin?
Coupable envers Tullie, envers Rome, & moi-même,
Ce Sénat que je hai, ce fier objet que j'aime,
Le dépit, la vangeance, & la honte, & l'amour,
De mes sens soulevés disposent tour à tour.

MESSALA.

Puis-je ici vous parler? mais avec confiance.

TITUS.

Toujours de tes Conseils j'ai chéri la prudence.
Parle, fais-moi rougir de mes emportemens.

MESSALA.

J'approuve & votre amour, & vos ressentimens.

Quoi! faudra-t'il toujours que Titus autorise,
Ce Sénat de Tirans, dont l'orguëil nous maîtrise?
Non, s'il vous faut rougir, rougissez en ce jour,
De votre patience, & non de votre amour.
Quoi? pour prix de vos feux, & de tant de vaillance,
Citoyen sans pouvoir, Amant sans espérance,
Je vous verrois languir, victime de l'Etat,
Oublié de Tullie, & bravé du Sénat.
Ah! peut-être Seigneur, un cœur tel que le vôtre,
Auroit pû gagner l'une, & se vanger sur l'autre.

TITUS.

Dequoi viens-tu flatter mon esprit éperdu;
Moi, j'aurois pû fléchir, sa haine ou sa vertu?
Hélas! ne vois-tu pas les fatales barrieres,
Qu'élevent entre nous nos devoirs, & nos peres?
Vois-tu pas que sa haine égale mon amour?
Elle va donc partir!

MESSALA.

Oui, Seigneur, dès ce jour.

TITUS.

Je n'en murmure point. Le Ciel lui rend justice,
Il la fit pour regner.

MESSALA.

Ah! ce Ciel plus propice
Lui destinoit peut-être un Empire plus doux.
Et sans ce fier Sénat, sans la guerre, sans vous...
Pardonnez; vous sçavez quel est son héritage;
Son frere ne vit plus; Rome étoit son partage.
Je m'emporte Seigneur; mais si pour vous servir,
Si pour vous rendre heureux il ne faut que périr;
Si mon sang....

TITUS.

Non, ami, mon devoir est le maître.
Non, croi moi, l'homme est libre, au moment qu'il veut l'être;
Je l'avoüe, il est vrai, ce dangereux poison
A pour quelques momens égaré ma raison;
Mais le cœur d'un Soldat sçait dompter la mollesse,
Et l'amour n'est puissant que par notre foiblesse.

MESSALA.

Vous voyez des Toſcans venir l'Ambaſſadeur ;
Cet honneur qu'il vous rend...

TITUS.

Ah! quel funeſte honneur!
Que me veut-il ? c'eſt lui qui m'enléve Tullie ;
C'eſt lui qui met le comble au malheur de ma vie.

SCENE V.

TITUS. ARONS.

ARONS.

APrès avoir en vain, près de votre Sénat,
Tenté ce que j'ai pû pour ſauver cet Etat,
Souffrez qu'à la vertu rendant un juſte hommage,
J'admire en liberté ce généreux courage,
Ce bras qui vange Rome, & ſoutient ſon païs,
Au bord du précipice, où le Sénat l'a mis.
Ah ! que vous étiez digne, & d'un prix plus auguſte,

Et d'un autre Adverſaire, & d'un Parti plus juſte!
Et que ce grand courage, ailleurs mieux employé,
D'un plus digne ſalaire auroit été payé?
Il eſt, il eſt des Rois, j'oſe ici vous le dire,
Qui mettroient en vos mains le ſort de leur Empire,
Sans craindre ces vertus qu'ils admirent en vous,
Dont j'ai vû Rome épriſe, & le Sénat jaloux.
Je vous plains de ſervir ſous ce Maître farouche,
Que le mérite aigrit, qu'aucun bienfait ne touche;
Qui né pour obéir ſe fait un lâche honneur
D'appeſantir ſa main ſur ſon libérateur;
Lui, qui, s'il n'uſurpoit les droits de la Couronne,
Devroit prendre de vous les ordres qu'il vous donne.

TITUS.

Je rends grace à vos ſoins, Seigneur, & mes ſoupçons
De vos bontez pour moi reſpectent les raiſons.
Je n'éxamine point ſi votre politique
Penſe armer mes chagrins contre ma République,
Et porter mon dépit, avec un art ſi doux,
Aux indiſcrétions qui ſuivent le courroux.

Perdez moins d'artifice à tromper ma franchiſe.
Ce cœur eſt tout ouvert, & n'a rien qu'il déguiſe.
Outragé du Sénat, j'ai droit de le haïr;
Je le hai, mais mon bras eſt prêt à le ſervir.
Quand la cauſe commune au combat nous appelle,
Rome au cœur de ſes fils éteint toute querelle.
Vainqueurs de nos débats nous marchons réünis,
Et nous ne connoiſſons que vous pour ennemis;
Voilà ce que je ſuis, & ce que je veux être.
Soit grandeur, ſoit vertu, ſoit préjugé peut-être,
Né parmi les Romains, je périrai pour eux.
J'aime encor mieux, Seigneur, ce Sénat rigoureux,
Tout injuſte pour moi, tout jaloux qu'il peut être,
Que l'éclat d'une Cour, & le Sceptre d'un Maître.
Je ſuis fils de Brutus, & je porte en mon cœur
La liberté gravée, & les Rois en horreur.

ARONS.

Ne vous flattez vous point d'un charme imaginaire?
Seigneur, ainſi qu'à vous la liberté m'eſt chere.
Quoique né ſous un Roy, j'en goûte les appas;

Vous vous perdez pour elle, & n'en joüiſſez pas.
Eſt-il donc entre nous rien de plus deſpotique
Que l'eſprit d'un Etat qui paſſe en République ?
Vos Loix ſont vos Tirans ; leur barbare rigueur
Devient ſourde au mérite, au ſang, à la faveur.
Le Sénat vous opprime, & le Peuple vous brave.
Il faut s'en faire craindre, ou ramper leur eſclave.
Le Citoyen de Rome, inſolent ou jaloux,
Ou hait votre grandeur, ou marche égal à vous.
Trop d'éclat l'éfarouche, il voit d'un œil ſévere
Dans le bien qu'on lui fait, le mal qu'on lui peut faire ;
Et d'un banniſſement le Décret odieux
Devient le prix du ſang qn'on a verſé pour eux.
  Je ſçai bien que la Cour, Seigneur, a ſes naufrages ;
Mais ſes jours ſont plus beaux, ſon Ciel a moins d'orages.
Souvent la liberté, dont on ſe vante ailleurs,
Etale auprès d'un Roy ſes dons les plus flatteurs ;
Il récompenſe, il aime, il prévient les ſervices ;
La gloire auprès de lui ne fuit point les délices.

Aimé du Souverain, de ſes rayons couvert,
Vous ne ſervez qu'un Maître, & le reſte vous ſert;
Ebloüi d'un éclat, qu'il reſpecte & qu'il aime,
Le vulgaire applaudit juſqu'à nos fautes même;
Nous ne redoutons rien d'un Sénat trop jaloux,
Et les ſéveres Loix ſe taiſent devant nous;
Ah! que né pour la Cour, ainſi que pour les armes,
Des faveurs de Tarquin vous goûteriez les charmes!
Il me l'a dit cent fois; il vous aimoit, Seigneur;
Il auroit avec vous partagé ſa grandeur.
Du Sénat à vos pieds la fierté proſternée
Auroit....

TITUS.

J'ai vû ſa Cour, & je l'ai dédaignée.
Je pourrois, il eſt vrai, mandier ſon appui,
Et ſon prémier eſclave être Tiran ſous lui.
Grace au Ciel, je n'ai point cette indigne foibleſſe;
Je veux de la grandeur, & la veux ſans baſſeſſe;
Je ſens que mon deſtin n'étoit point d'obéir;
Je combattrai vos Rois: retournez les ſervir.

ARONS.

Je ne puis qu'aprouver cet excès de constance ;
Mais songez que lui-même éleva votre enfance ;
Il s'en souvient toujours. Hier encor, Seigneur,
En pleurant avec moi son fils, & son malheur,
Titus, me disoit-il, soutiendroit ma Famille,
Et lui seul méritoit mon Empire & ma Fille.

TITUS, *en se détournant.*

Sa Fille ! Dieux ! Tullie ? O ! vœux infortunez !

ARONS, *en regardant Titus.*

Je la ramene au Roy que vous abandonnez ;
Elle va loin de vous, & loin de sa Patrie,
Accepter pour époux le Roy de Ligurie ;
Vous cependant ici servez votre Sénat,
Persécutez son Pere, opprimez son Etat.
J'espere que bien-tôt ces voûtes embrasées,
Ce Capitole en cendre, & ces Tours écrasées,
Du Sénat & du Peuple éclairant les tombeaux,
A cet hymen heureux vont servir de flambeaux.

SCENE VI.

TITUS, *ſeul.*

IL ſort ; en quel état, en quel trouble il me laiſſe !
Tarquin me l'eût donnée ! ah douleur qui me preſſe !
Moi j'aurois pû ! ... mais non ; Miniſtre dangereux,
Tu venois découvrir le ſecret de mes feux.
Hélas ! en me voyant, ſe peut-il qu'on l'ignore !
Il a lû dans mes yeux l'ardeur qui me dévore.
Certain de ma foibleſſe, il retourne à ſa Cour,
Inſulter aux projets d'un téméraire amour ;
J'aurois pû l'épouſer ! lui conſacrer ma vie !
Le Ciel à mes déſirs eût deſtiné Tullie !
Grands Dieux ! s'il étoit vrai... Quels vains égaremens
De leur erreur flatteuſe empoiſonnent mes ſens ?
Cependant que j'embraſſe un image frivole,
Rome entiere m'appelle aux murs du Capitole.
Le Peuple raſſemblé ſous ces Arcs triomphaux,

Tout chargés de ma gloire, & pleins de mes travaux,
M'attend pour commencer les ſermens redoutables,
De notre liberté garans inviolables.
Allons... mais j'y verrai ces Sénateurs jaloux,
Cette foule de Rois, l'objet de mon courroux.
Malheureux! ce Sénat, dont l'orguëil t'humilie,
Le haïrois-tu tant, ſi tu n'aimois Tullie?
Tout révolte en ces lieux tes ſens déſeſperez;
Tout paroît injuſtice à tes yeux égarez.
Va, c'eſt trop à la fois, éprouver de foibleſſe.
Etouffe ton dépit, commande à ta tendreſſe?
Que tant de paſſions qui déchirent ton cœur,
Soient au rang des Tirans, dont Titus eſt vainqueur.

Fin du ſecond Acte.

ACTE TROISIEME.

SCENE I.

ARONS, ALBIN, MESSALA.

ARONS, *une Lettre à la main.*

Je commence à goûter une juste espérance,
Vous m'avez bien servi par tant de diligence;
Tout succéde à mes vœux. Ouï, cette Lettre, Albin,
Contient le sort de Rome, & celui de Tarquin.
Avez-vous dans le Camp reglé l'heure fatale?
A-t-on bien observé la Porte Quirinale?
L'assaut sera-t-il prêt, si par nos Conjurés
Les Remparts cette nuit ne nous sont point livrés?
Tarquin est-il content? croit-on qu'on l'introduise
Ou dans Rome sanglante, ou dans Rome soumise.

ALBIN.

Tout ſera prêt, Seigneur, au milieude la nuit.
Tarquin de vos projets goûte déja le fruit;
Il penſe de vos mains tenir ſon Diadême;
Il vous doit, a-t-il dit, plus qu'à Porſenna même.

ARONS.

Ou les Dieux, Ennemis d'un Prince malheureux,
Confondront des deſſeins ſi grands, ſi dignes d'eux;
Ou demain ſous ſes Loix Rome ſera rangée;
Rome en cendre peut-être, & dans ſon ſang plongée:
Mais il vaut mieux qu'un Roy ſur le Trône remis,
Commande à des Sujets malheureux & ſoumis,
Que d'avoir à dompter au ſein de l'abondance,
D'un Peuple trop heureux, l'indocile arrogance.

A Albin.

Allez, j'attens ici la Princeſſe en ſecret.

A Meſſala.

Meſſala, demeurez.

SCENE II.

ARONS. MESSALA.

ARONS.

Eh bien ? qu'avez-vous fait
Avez-vous de Titus fléchi le fier courage?
Dans le parti des Rois penſez-vous qu'il s'engage?

MESSALA.

J'avois trop préſumé ; l'infléxible Titus
Aime trop ſa Patrie, & tient trop de Brutus.
Il ſe plaint du Sénat, il brûle pour Tullie.
L'orguëil, l'ambition, l'amour, la jalouſie,
Le feu de ſon jeune âge, & de ſes paſſions,
Sembloient ouvrir ſon ame à mes ſéductions ;
Cependant qui l'eût cru ? la liberté l'emporte.
Son amour eſt au comble, & Rome eſt la plus forte.
J'ai tenté par degré d'éfacer cette horreur,
Que pour le nom de Roy Rome imprime en ſon cœur.

En

En vain j'ai combattu ce préjugé févère ;
Le feul nom des Tarquins irritoit fa colere ;
De fon entretien même il m'a foudain privé ;
Et je hazardois trop fi j'avois achevé.

ARONS.

Ainfi de le fléchir Meffala défefpere.

MESSALA.

J'ai trouvé moins d'obftacle à vous donner fon frere,
Et j'ai du moins féduit un des fils de Brutus.

ARONS.

Quoi ! vous auriez déja gagné Tiberinus ?
Par quels refforts fecrets ? par quelle heureufe intrigue ?

MESSALA.

Son ambition feule a fait toute ma brigue.
Avec un œil jaloux il voit depuis long-temps,
De fon frere & de lui, les honneurs différens.
Ces Drapeaux fufpendus à ces voûtes fatales,
Ces Feftons de Lauriers, ces Pompes triomphales,
Tous les cœurs des Romains, & celui de Brutus,

Dans ces ſolemnitez volant devant Titus,
Sont pour lui des affronts qui dans ſon ame aigrie
Echauffent le poiſon de ſa ſecrete envie.
Cependant que Titus ſans haine & ſans couroux,
Trop au-deſſus de lui pour en être jaloux,
Lui tend encor la main de ſon Char de Victoire,
Et ſemble en l'embraſſant l'accabler de ſa gloire.
J'ai ſaiſi ces momens, j'ai ſçû peindre à ſes yeux
Dans une Cour brillante un rang plus glorieux;
J'ai preſſé, j'ai promis, au nom de Tarquin même,
Tous les honneurs de Rome, après le rang ſuprème;
Je l'ai vû s'éblouïr, je l'ai vû s'ébranler;
Il eſt à vous, Seigneur, & cherche à vous parler.

ARONS.

Pourra-t-il nous livrer la Porte Quirinale?

MESSALA.

Titus ſeul y commande, & ſa vertu fatale
N'a que trop arrété le cours de vos deſtins;
C'eſt un Dieu qui préſide au ſalut des Romains.

Gardez de hazarder cette attaque soudaine,
Sûre avec son appui, sans lui trop incertaine.

ARONS.

Mais si du Consulat il a brigué l'honneur,
Pourroit-il dédaigner sa suprême grandeur
Du Trône avec Tullie un assûré partage?

MESSALA.

Le Trône est un affront à sa vertu sauvage.

ARONS.

Mais il aime Tullie.

MESSALA.

Il l'adore, Seigneur;
Il l'aime d'autant plus qu'il combat son ardeur.
Il brûle pour la Fille, en détestant le Pere;
Il craint de lui parler, il gémit de se taire;
Il la cherche, il la fuit, il dévore ses pleurs;
Et de l'amour encor il n'a que les fureurs.
Dans l'agitation d'un si cruel orage,
Un moment quelquefois renverse un grand courage;

Je sçai quel est Titus ; ardent, impétueux ;
S'il se rend, il ira plus loin que je ne veux.
La fiere ambition qu'il renferme dans l'ame,
Au flambeau de l'amour peut rallumer sa flâme.
Avec plaisir sans doute il verroit à ses pieds
Des Sénateurs tremblans les fronts humiliés ;
Mais je vous tromperois, si j'osois vous promettre
Qu'à cet amour fatal il veüille se soumettre.
Je peu parler encor, & je vais aujourd'hui.....

ARONS.

Puisqu'il est amoureux, je compte encor sur lui.
Un regard de Tullie, un seul mot de sa bouche,
Peut plus pour amollir cette vertu farouche,
Que les subtils détours, & tout l'art séducteur
D'un Chef de Conjurés, & d'un Ambassadeur.
N'espérons des humains rien que par leur foiblesse.
L'ambition de l'un, de l'autre la tendresse,
Voilà les Conjurés qui serviront mon Roy ;
C'est d'eux que j'attens tout ; ils sont plus forts que moi.

Tullie entre. Messala se retire.

SCENE III.

TULLIE, ARONS, ALGINE.

ARONS.

MAdame, en ce moment je reçois cette Lettre,
Qu'en vos auguſtes mains mon ordre eſt de remettre,
Et que juſqu'en la mienne a fait paſſer Tarquin.

TULLIE.

Dieux! protegez mon Pere, & changez ſon deſtin.

Elle lit :

„ Le Trône des Romains peut ſortir de ſa cendre,
„ Le Vainqueur de ſon Roy peut en être l'appui.
„ Titus eſt un Héros; c'eſt à lui de défendre
„ Un Sceptre que je veux partager avec lui.
„ Vous, ſongez que Tarquin vous a donné la vie,
„ Songez que mon deſtin va dépendre de vous.
„ Vous pourriez, refuſer le Roy de Ligurie,
„ Si Titus vous eſt cher, il ſera votre époux.

Ai-je bien lû ... Titus ? ... Seigneur .... eſt-il poſſible?
Tarquin dans ſes malheurs juſqu'alors infléxible,
Pourroit ? mais, d'où ſçait-il ? . . . & comment?
Ah ! Seigneur,
Ne veut-on qu'arracher les ſecrets de mon cœur ?
Epargnez les chagrins d'une triſte Princeſſe ;
Ne tendez point de piége à ma foible jeuneſſe.

ARONS.

Non Madame, à Tarquin je ne ſçais qu'obéir,
Ecouter mon devoir, me taire, & vous ſervir.
Il ne m'appartient point de chercher à comprendre
Des ſecrets qu'en mon ſein vous craignez de répandre;
Je ne veux point lever un œil préſomptueux
Vers le voile ſacré que vous jettez ſur eux ;
Mon devoir ſeulement m'ordonne de vous dire
Que le Ciel veut par vous relever cet Empire ;
Que ce Trône eſt un prix qu'il met à vos vertus.

TULLIE.

Je ſervirois mon Pere, & ſerois à Titus !
Seigneur, il ſe pourroit ...

ARONS.

N'en doutez point Princeſſe,
Pour le ſang de ſes Rois ce Héros s'intereſſe.
De ces Républicains la triſte auſterité,
De ſon cœur généreux révolte la fierté ;
Les refus du Sénat ont aigri ſon courage,
Il penche vers ſon Prince ; achevez cet ouvrage.
Je n'ai point dans ſon cœur prétendu pénétrer ;
Mais, puiſqu'il vous connoît, il vous doit adorer.
Quel œil, ſans s'éblouïr, peut voir un Diadême,
Préſenté par vos mains, embelli par vous-même ?
Parlez lui ſeulement, vous pourrez tout ſur lui ;
De l'Ennemi des Rois triomphez aujourd'hui.
Arrachez au Sénat, rendez à votre Pere
Ce grand appui de Rome, & ſon Dieu tutelaire,
Et méritez l'honneur d'avoir entre vos mains
Et la cauſe d'un Pere, & le ſort des Romains.

SCENE IV.

TULLIE, ALGINE.

TULLIE.

CIel ! que je dois d'encens à ta bonté propice !
Mes pleurs t'ont désarmé, tout change ; & ta justice
Aux feux dont j'ai rougi rendant la pureté,
En les récompensant, les met en liberté.

A Algine.

Va le chercher, va, cours ; Dieux ! il m'évite encore :
Faut-il qu'il soit heureux, hélas ! & qu'il l'ignore ?
Mais... n'écoutai-je point un espoir trop flatteur ?
Titus, pour le Sénat, a-t-il donc tant d'horreur ?
Que dis-je ! hélas ! devrois-je au dépit qui le presse
Ce que j'aurois voulu devoir à sa tendresse ?

ALGINE.

Je sçai que le Sénat alluma son courroux,
Qu'il est ambitieux, & qu'il brûle pour vous.

TULLIE.

Il fera tout pour moi, n'en doute point, il m'aime,
Va, dis-je ...

Algine sort.

Cependant ce changement extrême ...
Ce Billet ! ... De quels soins mon cœur est combattu
Eclatez mon amour, ainsi que ma vertu ;
La gloire, la raison, le devoir, tout l'ordonne.
Quoi ! mon Pere à mes feux va devoir sa Couronne !
De Titus & de lui je serois le lien !
Le bonheur de l'Etat va donc naître du mien ?
Toi que je peux aimer, quand pourrai-je t'apprendre
Ce changement du sort où nous n'osions prétendre ?
Quand pourrai-je, Titus, dans mes justes transports,
T'entendre sans regrets, te parler sans remords ?
Tous mes maux sont finis, Rome je te pardonne ;
Rome tu vas servir si Titus t'abandonne ;
Sénat tu vas tomber si Titus est à moi ;
Ton Héros m'aime ; tremble, & reconnois ton Roi.

SCENE V.

TITUS. TULLIE.

TITUS.

MAdame, eſt-il bien vrai? daignez vous voir encore
Cet odieux Romain, que votre cœur abhorre,
Si juſtement haï, ſi coupable envers vous;
Cet Ennemi!

TULLIE.

Seigneur, tout eſt changé pour nous.
Le deſtin me permet... Titus... il faut me dire
Si j'avois ſur votre ame un véritable empire.

TITUS.

Eh! pouvez-vous douter de ce fatal pouvoir,
De mes feux, de mon crime, & de mon déſeſpoir?
Vous ne l'avez que trop cet empire funeſte:
L'amour vous a ſoumis mes jours que je déteſte,

Commandez, épuiſez votre juſte courroux,
Mon ſort eſt en vos mains.

TULLIE.

Le mien dépend de vous.

TITUS.

De moi ? mon cœur tremblant ne vous en croit qu'à peine ;
Moi ! je ne ſerois plus l'objet de votre haine !
Ah ! Princeſſe, achevez ; quel eſpoir enchanteur
M'éleve en un moment au faîte du bonheur ?

TULLIE.

En donnant la Lettre.

Liſez, rendez heureux, vous, Tullie, & mon Pere.

Tandis qu'il lit :

Je puis donc me flatter... mais quel regard ſévere ?
D'où vient ce morne accuëil, & ce front conſterné ?
Dieux....

TITUS.

Je ſuis des Mortels le plus infortuné ;
Le ſort, dont la rigueur à m'accabler s'attache,

M'a montré mon bonheur, & ſoudain me l'arrache;
Et pour combler les maux que mon cœur a ſoufferts,
Je puis vous poſſéder, vous adore, & vous pers.

TULLIE.

Vous, Titus?

TITUS.

Ce moment a condamné ma vie
Au comble des horreurs, ou de l'ignominie,
A trahir Rome ou vous; & je n'ai déſormais
Que les choix des malheurs, ou celui des forfaits.

TULLIE.

Que dis-tu? quand ma main te donne un Diadême,
Quand tu peux m'obtenir, quand tu vois que je t'aime;
Je ne m'en cache plus, un trop juſte pouvoir,
Autoriſant mes vœux, m'en a fait un devoir.
Hélas! j'ai cru ce jour le plus beau de ma vie;
Et le prémier moment où mon ame ravie
Peut de ſes ſentimens s'expliquer ſans rougir,
Ingrat! eſt le moment qu'il m'en faut repentir.

Que m'oses-tu parler de malheur, & de crime ?
Ah ! servir des ingrats contre un Roy légitime,
M'opprimer, me chérir, détester mes bienfaits,
Ce sont-là tes malheurs, & voilà tes forfaits.
Ouvre les yeux Titus, & mets dans la balance
Les refus du Sénat, & la toutepuissance,
Choisi de recevoir, ou de donner la Loi,
D'un vil Peuple, ou d'un Trône, & de Rome, ou de moi ;
Inspirez - lui, grands Dieux ! le parti qu'il doit prendre.

TITUS, *en lui rendant la Lettre.*

Mon choix est fait.

TULLIE.

Eh bien ? crains-tu de me l'apprendre ?
Parle, ose mériter ta grace ou mon courroux.
Quel sera ton destin ? . . . .

TITUS.

D'être digne de vous ;
Digne encor de moi-même, à Rome encor fidelle,

Brûlant d'amour pour vous, de combattre pour elle;
D'adorer vos vertus, mais de les imiter;
De vous perdre, Madame, & de vous mériter.

TULLIE.

Ainsi donc pour jamais....

TITUS.

Non, pardonnez Princesse,
Pardonnez ma fureur, épargnez ma foiblesse;
Ayez pitié d'un cœur de soi-même ennemi,
Moins malheureux cent fois quand vous l'avez haï.
Je ne puis désormais vous quitter, ni vous suivre,
Ni pour vous, ni sans vous, Titus ne sçauroit vivre;
Et je mourrai plûtôt qu'un autre ait votre foi.

TULLIE.

Je te pardonne tout, elle est encor à toi.

TITUS.

Eh bien! si vous m'aimez, ayez l'ame Romaine;
Aimez ma République, & soyez plus que Reine;
Apportez moi pour dot, au lieu du rang des Rois,

L'amour de mon Païs, & l'amour de mes Loix.
Acceptez aujourd'hui Rome pour votre Mere,
Son Vangeur pour Epoux, Brutus pour votre Pere;
Que les Romains vaincus en génerosité,
A la Fille des Rois doivent leur liberté....

TULLIE.

Je trahirois le Roi qui m'a donné la vie?

TITUS.

Eh! dois-je écouter moins mon sang & ma Patrie?

TULLIE.

L'amour doit donc se taire, & sans plus m'avilir,
Pour un Ingrat...

SCENE VI.

BRUTUS, ARONS, TITUS, TULLIE, MESSALA, ALBIN, PROCULUS, *Licteurs.*

BRUTUS, *à Tullie.*

MAdame, il eſt temps de partir;
Dans les prémiers éclats des tempêtes publiques,
Rome n'a pû vous rendre à vôs Dieux domeſtiques;
Tarquin même en ce temps, prompt à vous oublier,
Et du ſoin de nous perdre occupé tout entier,
Dans nos calamités confondant ſa Famille,
N'a pas même aux Romains redemandé ſa Fille,
Souffrez que je rappelle un triſte ſouvenir:
Je vous privai d'un Pere, & dûs vous en ſervir;
Allez, & que du Trône, où le Ciel vous appelle,
L'infléxible équité ſoit la garde éternelle.
Pour qu'on vous obéiſſe, obéiſſez aux Loix,

Tremblez

Tremblez en contemplant tout le devoir des Rois ;
Et si de vos flatteurs la funeste malice
Jamais dans votre cœur ébranloit la justice,
Prête alors d'abuser du pouvoir souverain,
Souvenez-vous de Rome, & songez à Tarquin ;
Et que ce grand éxemple où mon espoir se fonde
Soit la Leçon des Rois, & le Bonheur du Monde.

A Arons.

Le Sénat vous la rend, Seigneur, & c'est à vous
De la remettre aux mains d'un Pere, & d'un Epoux,
Proculus va vous suivre à la Porte sacrée.

TITUS, *éloigné.*

O de ma passion fureur désesperée !

Il va vers Arons.

Je ne souffrirai point, non ... permettez, Seigneur,

Brutus & Tullie sortent avec leur Suite.
Arons & Messala restent.

Dieux ! ne mourrai-je point de honte, & de douleur ?

A Arons.

.... Pourrois-je vous parler ?

ARONS.

Seigneur, le temps me presse;
Il me faut suivre ici Brutus & la Princesse;
Je puis d'une heure encor retarder son départ;
Craignez, Seigneur, craignez de me parler trop tard.
Dans son Apartement nous pourrons l'un & l'autre
Parler de ses destins, & peut-être du vôtre.

Il sort.

SCENE VII.

TITUS. MESSALA.

TITUS.

Sort qui nous a rejoints, & qui nous désunis;
Sort, ne nous as-tu faits que pour être ennemis?
Ah! cache, si tu peux, ta fureur & tes larmes.

MESSALA.

Je plains tant de vertus, tant d'amour & de charmes;
Un cœur tel que le sien méritoit d'être à vous,

TITUS.

Non, ç'en eſt fait, Titus n'en ſera point l'époux.

MESSALA.

Pourquoi? quel vain ſcrupule à vos deſirs s'oppoſe?

TITUS.

Abominables Loix! que la cruelle impoſe;
Tirans que j'ai vaincus, je pourrois vous ſervir!
Peuples que j'ai ſauvez, je pourrois vous trahir!
L'amour, dont j'ai ſix mois vaincu la violence,
L'amour auroit ſur moi cette affreuſe puiſſance!
J'expoſerois mon Pere à ſes Tirans cruels?
Et quel Pere? un Héros, l'Exemple des Mortels,
L'appui de ſon Païs, qui m'inſtruiſit à l'être,
Que j'imitai, qu'un jour j'eûſſe égalé peut-être.
Après tant de vertus, quel horrible deſtin?

MESSALA.

Vous eûtes les vertus d'un Citoyen Romain;
Il ne tiendra qu'à vous d'avoir celles d'un Maître.
Seigneur, vous ſerez Roi, dès que vous voudrez l'être.

Le Ciel met dans vos mains en ce moment heureux
La vangeance, l'empire, & l'objet de vos feux.
Que dis-je? ce Consul, ce Héros, que l'on nomme
Le Pere, le Soutien, le Fondateur de Rome,
Qui s'enivre à nos yeux de l'Encens des Humains
Sur les débris d'un Trône écrasé par vos mains,
S'il eût mal soutenu cette grande querelle,
S'il n'eût vaincu par vous, il n'étoit qu'un Rebelle.
Seigneur, embellissez ce grand nom de Vainqueur
Du nom plus glorieux, de Pacificateur;
Daignez nous ramener ces jours, où nos Ancêtres
Heureux, mais gouvernés, libres, mais sous des Maîtres,
Pesoient dans la Balance, avec un même poids,
Les intérêts du Peuple, & la grandeur des Rois;
Rome n'a point pour eux une haine immortelle;
Rome va les aimer, si vous regnez sur elle;
Ce pouvoir souverain, que j'ai vû tour à tour
Attirer de ce Peuple & la haine & l'amour,
Qu'on craint en des Etats, & qu'ailleurs on désire,

Eſt des Gouvernemens le meilleur ou le pire,
Affreux ſous un Tiran, divin ſous un bon Roi.

TITUS.

Meſſala, ſongez-vous que vous parlez à moi,
Que déſormais en vous je ne voi plus qu'un traître,
Et qu'en vous épargnant je commence de l'être.

MESSALA.

Eh bien, apprenez donc, que l'on va vous ravir
L'ineſtimable honneur, dont vous n'oſez joüir;
Qu'un autre accomplira ce que vous pouviez faire.

TITUS.

Un autre! arrête; Dieux! parle .... qui?

MESSALA.

Votre Frere.

TITUS.

Mon Frere?

MESSALA.

A Tarquin même il a donné ſa foi.

TITUS.

Mon Frere trahit Rome?

MESSALA.

Il ſert Rome, & ſon Roi.
Et Tarquin, malgré vous n'acceptera pour Gendre
Que celui des Romains qui l'aura pû défendre.

TITUS.

Ciel! perfide!....écoutez : mon cœur long-temps ſéduit
A méconnu l'abyme où vous m'avez conduit.
Vous penſez me réduire au malheur néceſſaire
D'être ou le Délateur, ou Complice d'un Frere;
Mais plûtôt votre ſang...

MESSALA.

Vous pouvez m'en punir;
Frappez, je le mérite, en voulant vous ſervir.
Du ſang de votre ami que cette main fumante
Y joigne encor le ſang d'un Frere, & d'une Amante;
Et, leur tête à la main, demandez au Sénat
Pour prix de vos vertus l'honneur du Conſulat;

Où moi-même à l'instant déclarant les Complices,
Je m'en vais commencer ces affreux sacrifices.

TITUS.

Demeure, malheureux, ou crains mon désespoir.

SCENE VIII.

TITUS, MESSALA, ALBIN.

ALBIN.

L'Ambassadeur Toscan peut maintenant vous voir;
Il est chez la Princesse.

TITUS.

..... Oüi je vais chez Tullie.....
J'y cours. O Dieux de Rôme! O Dieux de ma Patrie!
Frappez, percez ce cœur, de la honte allarmé,
Qui seroit vertueux, s'il n'avoit point aimé.
C'est donc à vous, Sénat! que tant d'amour s'immole?
A vous Ingrats!... allons...

A Meſſala.

Tu vois ce Capitole
Tout plein des monumens de ma fidélité.

MESSALA.

Songez qu'il eſt rempli d'un Sénat déteſté.

TITUS.

Je le ſçai. Mais ... du Ciel qui tonne ſur ma tête
J'entends la voix qui crie : arrête, Ingrat, arrête,
Tu trahis ton Païs ... Non, Rome ! non, Brutus !
Dieux qui me ſecourez ! je ſuis encor Titus ;
La gloire a de mes jours accompagné la courſe ;
Je n'ai point de mon ſang déshonoré la ſource ;
Votre victime eſt pure, & s'il faut qu'aujourd'hui
Titus ſoit aux forfaits entraîné malgré lui,
S'il faut que je ſuccombe au Deſtin qui m'opprime,
Dieux ſauvez les Romains, frappez avant le crime.

Fin du troiſiéme Acte.

ACTE QUATRIEME.

SCENE I.

TULLIE. ALGINE.

TULLIE.

LAiſſe-moi. Je ne veux lui parler, ni l'entendre ;
A des affronts nouveaux faut-il encor m'attendre ?
Faut-il voir le cruel allumer tour à tour
Le flambeau de la haine, & celui de l'amour ?
De quel ſaiſiſſement je demeure frapée !
Miniſtre dangereux pourquoi m'as-tu trompée ?
Et lorſqu'un prompt départ alloit m'en ſéparer,
Pourquoi pour mon malheur l'as-tu pu différer ?

ALGINE.

On vous attend, Madame.

TULLIE.

Et je demeure encore!
Et je ne puis quitter un séjour que j'abhorre!
De mes lâches regrets je me sens consumer;
Pour qui? pour un ingrat, qui rougit de m'aimer.
Malheureuse! est-ce à toi d'éclater en murmures?
Tu méritas trop bien ta honte, & tes injures,
Quand, du pur sang des Rois trahissant la splendeur,
D'un Sujet révolté l'amour fit ton vainqueur.
Tu vois comme il me traitte; il ne m'a point suivie,
Fier de ses attentats, & plein de sa Patrie,
Le cruel s'applaudit de sa fausse vertu.

ALGINE.

Plus que vous ne pensez Titus est combattu;
Ainsi que votre amour il ressent vos allarmes;
Je l'ai vû retenir, & répandre des larmes.
Vous-même, contre vous, témoin de ses efforts,
Vous devriez, Madame, excuser ses remords;
Ils sont dignes de vous; son cœur noble & sincere,

Imitant vos vertus, ne peut trahir ſon Pere.
Que dis-je? vous ſçavez par quels affreux ſermens
Rome à ſes interêts enchaine ſes Enfans.
Ce matin dans ces lieux Titus juroit encore
Une haine éternelle à ce ſang qu'il adore;
Que peut faire, après tout, ſon cœur déſeſperé?

TULLIE.

M'obéir, il n'a point de devoir plus ſacré;
Quoi donc, tant de Romains, Tiberinus ſon frere
Briguent de me vanger, ſans eſpoir de me plaire;
Et lui... dirai-je hélas? lui ſi cher à mes yeux,
Lui ſans qui déſormais le jour m'eſt odieux,
Après que mon devoir, après que ſa tendreſſe,
A cet excès d'amour ont conduit ma foibleſſe.
Lui me trahir?

ALGINE.

Au fonds de ſon cœur agité,
Vous l'emportez ſur Rome, & ſur la liberté.

TULLIE.

Ah ! Liberté coupable, & Vertu de rebelle !
Ah ! plus cruel Amant que Citoyen fidéle !
N'attendons plus, partons, si je puis, sans regret.
Je ne sçai quelle horreur m'épouvante en secret.
Peut-être ma terreur est injuste & frivole ;
Mais je vois en tremblant cet affreux Capitole ;
Je crains pour Titus même ; & Brutus à mes yeux
Paroît un Dieu terrible, armé contre nous deux ;
J'aime, je crains, je pleure, & tout mon cœur s'égare ;
Allons...

SCENE II.

TULLIE. ALGINE. TITUS.

TITUS.

NOn, demeurez ; daignez encor...

TULLIE

Barbare,

Veux-tu par tes discours...

TITUS.

Ah ! dans ce jour affreux,
Je sçais ce que je dois, & non ce que je veux ;
Je n'ai plus de raison, vous me l'avez ravie.
Eh bien guidez mes pas, gouvernez ma furie ;
Regnez donc en Tiran sur mes sens éperdus ;
Dictez, si vous l'osez, les crimes de Titus.
Non plûtôt que je livre aux flammes, au carnage
Ces murs, ces Citoyens, qu'a sauvés mon courage :
Qu'un Pere, abandonné par un fils furieux,
Sous le Fer de Tarquin...

TULLIE.

M'en préservent les Dieux ;
La Nature te parle, & sa voix m'est trop chere ;
Tu m'as trop bien appris à trembler pour un Pere ;
Rassure-toi, Brutus est désormais le mien ;
Tout mon sang est à toi, qui te répond du sien :
Notre amour, mon hymen, mes jours en sont le gage ;
Je serai dans tes mains, sa fille, son otage ;

Peux-tu déliberer? penses-tu qu'en secret
Brutus te vît au Trône avec tant de regret;
Il n'a point sur son front placé le Diadême;
Mais, sous un autre nom, n'est-il pas Roy lui-même?
Son Regne est d'une année, & bien-tôt . . . mais hélas!
Que de foibles raisons! si tu ne m'aimes pas.
Je ne dis plus qu'un mot. Je pars... & je t'adore.
Tu pleures, tu frémis, il en est temps encore;
Acheve, parle, Ingrat, que te faut-il de plus?

TITUS.

Votre haine; elle manque au malheur de Titus.

TULLIE.

Ah! c'est trop essuyer tes indignes murmures,
Tes vains engagemens, tes plaintes, tes injures;
Je te rends ton amour, dont le mien est confus;
Et tes trompeurs sermens, pires que tes refus.
Je n'irai point chercher au fonds de l'Italie
Ces fatales grandeurs que je te sacrifie,

Et rougir, loin de Rome, entre les bras d'un Roy,
De l'amour malheureux que j'ai ſenti pour toi.
J'ai reglé mon deſtin. Romain, dont la rudeſſe
N'affecte de vertu que contre ta Maitreſſe,
Héros pour m'accabler, timide à me ſervir,
Incertain dans tes voeux, apprens à les remplir.
Tu verras qu'une femme à tes yeux mépriſable,
Dans ſes projets au moins étoit inébranlable;
Et par la fermeté dont ce cœur eſt armé,
Titus, tu connoîtras comme il t'auroit aimé.
Au pied de ces murs même où regnoient mes Ancêtres
De ces murs que ta main défend contre leurs Maîtres,
Où tu m'oſes trahir, & m'outrager comme eux,
Où ma foi fut ſéduite, où tu trompas mes feux;
Je jure à tous les Dieux, qui vangent les parjures,
Que mon bras dans mon ſang effaçant mes injures,
Plus juſte que le tien, mais moins irréſolu,
Ingrat, va me punir de t'avoir mal-connu;
Et je vais; ....

TITUS *l'arrêtant.*

Non, Madame, il faut vous ſatisfaire ;
Je le veux, j'en frémis, & j'y cours pour vous plaire.
D'autant plus malheureux, que dans ma paſſion
Mon cœur n'a pour excuſe aucune illuſion,
Que je ne goûte point dans mon déſordre extrême
Le triſte & vain plaiſir de me tromper moi-même,
Que l'amour aux forfaits me force de voler,
Que vous m'avez vaincu ſans pouvoir m'aveugler,
Et qu'encor, indigné de l'ardeur qui m'anime,
Je chéris la vertu, mais j'embraſſe le crime.
Haïſſez-moi, fuyez, quittez un malheureux,
Qui meurt d'amour pour vous, & déteſte ſes feux ;
Qui va s'unir à vous ſous ces affreux augures,
Parmi les attentats, le meurtre, & les parjures.

TULLIE.

Vous inſultez, Titus, à ma funeſte ardeur ;
Vous ſentez à quel point vous regnez dans mon cœur ;
Oüi, je vis pour toi ſeul, oüi je te le confeſſe ;

Mais

Mais malgré ton amour, mais malgré ma foiblesse,
Apprens que le trépas m'inspire moins d'effroi
Que la main d'un Epoux, qui frémit d'être à moi,
Qui se repentiroit d'avoir servi son Maître,
Que je fais souverain, & qui rougit de l'être.

Voici l'instant affreux qui va nous éloigner;
Souviens-toi que je t'aime, & que tu peux regner;
L'Ambassadeur m'attend; consulte, délibere,
Dans une heure avec moi tu reverras mon Pere;
Je pars, & je reviens sous ces murs odieux,
Pour y rentrer en Reine, ou périr à tes yeux.

TITUS.

Vous ne périrez point. Je veux...

TULLIE.

Titus arrête;
En me suivant plus loin, tu hazardes ta tête;
On peut te soupçonner: demeure, adieu, résous,
D'être mon parricide, ou d'être mon époux.

SCENE III.

TITUS *seul.*

TU l'emportes cruelle, & Rome est asservie ;
Reviens regner sur elle, ainsi que sur ma vie ;
Reviens, je vais me perdre, ou vais te couronner ;
Le plus grand des forfaits est de t'abandonner.
Qu'on cherche Messala ; ma fougueuse imprudence
A de son amitié lassé la patience ;
Maitresse, Amis, Romains, je perds tout en un jour.

SCENE IV.

TITUS. MESSALA.

TITUS.

SErs ma fureur enfin, sers mon fatal amour ;
Viens, suis moi.

MESSALA.

Commandez, tout eſt prêt; mes cohortes
Sont au Mont Quirinal, & livreront les Portes;
Tous nos braves amis vont jurer avec moi,
De reconnoître en vous l'héritier de leur Roi;
Ne perdez point de temps; déja la nuit plus ſombre,
Propice à vos deſſeins, les cache dans ſon ombre.

TITUS.

L'heure approche. Tullie en compte les momens...
Et Tarquin, après tout, eut mes premiers ſermens.
Le ſort en eſt jetté.

Le fonds du Theâtre s'ouvre.

Que voi-je! c'eſt mon Pere.

SCENE V.

BRUTUS. TITUS. MESSALA. LICTEURS.

BRUTUS.

Viens, Rome eſt en danger; c'eſt en toi que j'eſpere.
Par un avis ſecret le Sénat eſt inſtruit
Qu'on doit attaquer Rome au milieu de la nuit;
J'ai brigué pour mon ſang, pour le Héros que j'aime,
L'honneur de commander dans ce péril extrême;
Le Sénat te l'accorde, arme-toi mon cher fils
Une ſeconde fois va ſauver ton Païs;
Pour notre liberté va prodiguer ta vie;
Va, mort ou triomphant, tu feras mon envie.

TITUS.

Ciel...

BRUTUS.

Mon fils...

TITUS.

Remettez, Seigneur, en d'autres mains
Les faveurs du Sénat, & le fort des Romains.

MESSALA.

Ah quel défordre affreux de fon ame s'empare!

BRUTUS.

Vous pourriez refufer l'honneur qu'on vous prépare?

TITUS.

Qui? moi, Seigneur?

BRUTUS.

Eh quoi? votre cœur égaré
Des refus du Sénat eft encore ulceré?
De vos prétentions je voi les injuftices.
Ah mon fils, eft-il temps d'écouter vos caprices?
Vous avez fauvé Rome, & n'êtes pas heureux?
Cet immortel honneur n'a pas comblé vos vœux?
Mon fils au Confulat a-t-il ofé prétendre,
Avant l'âge où les Loix permettent de l'attendre?
Va, ceffe de briguer une injufte faveur;

La Place où je t'envoye eſt ton poſte d'honneur.
Va, ce n'eſt qu'aux Tirans que tù dois ta còlere ;
De l'Etat & de toi je ſens que je ſuis Pere.
Donne ton ſang à Rome, & n'en exige rien ;
Sois toujours un Héros, ſois plus, ſois Citoyen.
Je touche, mon cher Fils, au bout de ma carriere,
Tes triomphantes mains vont fermer ma paupiere ;
Mais ſoutenu du tien, mon nom ne mourra plus ;
Je renaîtrai pour Rome, & vivrai dans Titus.
Que dis-je ? je te ſuis. Dans mon âge débile.
Les Dieux ne m'ont donné qu'un courage inutile ;
Mais je te verrai vaincre, ou mourrai comme toi,
Vangeur du nom Romain, libre encor, & ſans Roy.

TITUS.

Ah ! Meſſala.

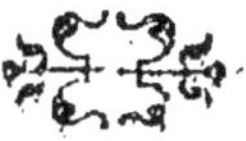

SCENE VI.

BRUTUS. VALERIUS. TITUS. MESSALA.

VALERIUS.

SEigneur, faites qu'on se retire ;

BRUTUS *à son Fils.*

Cours, vole...

Titus & Messala sortent.

VALERIUS.

On trahit Rome.

BRUTUS.

Ah qu'entens-je !

VALERIUS.

On conspire.

Je n'en sçaurois douter ; on nous trahit, Seigneur.
De cet affreux complot j'ignore encor l'auteur ;
Mais le nom de Tarquin vient de se faire entendre,

Et d'indignes Romains ont parlé de ſe rendre.

BRUTUS.

Des Citoyens Romains ont demandé des fers!

VALERIUS.

Les perfides m'ont fuï par des chemins divers;
On les ſuit. Je ſoupçonne, & Ménas, & Lélie,
Ces Partiſans des Rois, & de la Tirannie;
Ces ſecrets Ennemis du bonheur de l'Etat,
Ardents à déſunir le Peuple, & le Sénat.
Meſſala les protege; & dans ce trouble extrême
J'oſerois ſoupçonner juſqu'à Meſſala même,
Sans l'étroite amitié dont l'honore Titus.

BRUTUS.

Obſervons tous leurs pas, je ne puis rien de plus;
La Liberté, la Loi, dont nous ſommes les Peres,
Nous défend des rigueurs, peut-être néceſſaires.
Arrêter un Romain ſur de ſimples ſoupçons,
C'eſt agir en Tirans, nous qui les puniſſons.
Allons parler au Peuple, enhardir les timides;

Encourager les bons, étonner les perfides;
Que les Peres de Rome, & de la Liberté,
Viennent rendre aux Romains leur intrépidité;
Quels cœurs en nous voyant ne reprendront courage?
Dieux donnez-nous la mort plûtôt que l'esclavage.
Que le Sénat nous suive.

SCENE VII.

BRUTUS. VALERIUS. PROCULUS.

PROCULUS.

Un Esclave, Seigneur,
D'un entretien secret implore la faveur.

BRUTUS.

Dans la nuit? à cette heure?

PROCULUS.

Oüi d'un avis fidelle,
Il apporte, dit-il, la pressante nouvelle.

BRUTUS.

Peut-être des Romains le ſalut en dépend.
Allons, c'eſt les trahir que tarder un moment.

A Proculus.

Vous, allez vers mon Fils ; qu'à cette heure fatale
Il défende ſur tout la Porte Quirinale ;
Et que la Terre avouë, au bruit de ſes exploits,
Que le ſort de mon ſang eſt de vaincre les Rois.

Fin du quatriéme Acte.

ACTE CINQUIE'ME.

SCENE I.

BRUTUS. Les SENATEURS. PROCULUS, LICTEURS. L'Esclave VINDEX.

BRUTUS.

OUï, Rome n'étoit plus ; ouï, sous la Tirannie
L'auguste liberté tomboit anéantie.
Vos tombeaux se rouvroient ; ç'en étoit fait ; Tarquin
Rentroit dès cette nuit, la vangeance à la main.
C'est cet Ambassadeur, c'est lui dont l'artifice
Sous les pas des Romains creusoit ce précipice.
Enfin, le croirez-vous ? Rome avoit des Enfans
Qui conspiroient contre elle, & servoient les Tirans.
Messala conduisoit leur aveugle furie :
A ce perfide Arons il vendoit sa Patrie,

Mais le Ciel a veillé ſur Rome & ſur vos jours.
Cet Eſclave a d'Arons écouté les Diſcours,

En montrant l'Eſclave.

Il a prévû le crime; & ſon avis fidèle
A réveillé ma crainte, a ranimé mon zéle.
Meſſala, par mon ordre arrêté cette nuit,
Devant vous à l'inſtant alloit être conduit;
J'attendois que du moins l'appareil des ſupplices
De ſa bouche infidèle arrachât ſes Complices;
Mes Licteurs l'entouroient; quand Meſſala ſoudain,
Saiſiſſant un poignard qu'il cachoit dans ſon ſein,
Et qu'à vous, Sénateurs, il deſtinoit peut-être:
Mes ſecrets, a-t-il dit, que l'on cherche à connoître,
C'eſt dans ce cœur ſanglant qu'il faut les découvrir;
Et qui ſçait conſpirer, ſçait ſe taire, & mourir.
On s'écrie, on s'avance, il ſe frappe: & le traitre
Meurt encore en Romain, quoiqu'indigne de l'être.
Déja des murs de Rome Arons étoit parti,
Aſſez loin vers le camp nos Gardes l'ont ſuivi;
On arrête à l'inſtant Arons avec Tullie.

Bien-tôt, n'en doutez point, de ce complot impie,
Le Ciel va découvrir toutes les profondeurs ;
Publicola par tout en cherche les Auteurs.
Mais quand nous connoîtrons le nom des Parricides,
Prenez garde, Romains ; point de grace aux Perfides ;
Fussent-ils nos Amis, nos Freres, nos Enfans,
Ne voyez que leur crime, & gardez vos Sermens.
Rome, la Liberté, demandent leur supplice ;
Et qui pardonne au crime, en devient le Complice.

A l'Esclave.

Et toi, dont la naissance & l'aveugle destin
N'avoit fait qu'un Esclave, & dû faire un Romain,
Par qui le Sénat vit, par qui Rome est sauvée,
Reçois la Liberté que tu m'as conservée,
Et, prenant désormais des sentimens plus grands,
Sois l'égal de mes Fils, & l'effroi des Tirans.
Mais qu'est-ce que j'entens ? quelle rumeur soudaine ?

PROCULUS.

Arons est arrêté, Seigneur, & je l'amene.

BRUTUS.

De quel front pourra-t-il ? . . .

SCENE II.

BRUTUS. Les SENATEURS. ARONS. LICTEURS.

ARONS.

Jusques-à-quand, Romains,
Voulez-vous profaner tous les Droits des Humains ?
D'un Peuple révolté Conseils vraiment sinistres !
Pensez-vous d'abaisser les Rois dans leurs Ministres ?
Vos Licteurs insolens viennent de m'arréter ;
Est-ce mon Maître ou moi que l'on vient insulter ?
Et chez les Nations ce rang inviolable . . .

BRUTUS.

Plus ton Rang est sacré, plus il te rend coupable ;
Cesse ici d'attester des Titres superflus,

ARONS.

L'Ambaſſadeur d'un Roy...

BRUTUS.

Traitre, tu ne l'es plus;
Tu n'es qu'un Conjuré, paré d'un nom ſublime,
Que l'impunité ſeule enhardiſſoit au crime.
Les vrais Ambaſſadeurs, Interprétes des Loix,
Sans les deshonorer, ſçavent ſervir leurs Rois,
De la Foi des Humains diſcrets Dépoſitaires,
La Paix ſeule eſt le fruit de leurs ſaints Miniſteres;
Des Souverains du Monde ils ſont les Nœuds ſacrés,
Et par tout bienfaiſans, ſont par tout révérés.
A ces traits, ſi tu peux, oſe te reconnoître;
Mais ſi tu veux au moins rendre compte à ton Maître,
Des Reſſorts, des Vertus, des Loix de cet Etat;
Comprens l'eſprit de Rome, & connois le Sénat:
Ce Peuple auguſte & ſaint ſçait reſpecter encore
Les Loix des Nations que ta main deshonore;
Plus tu les méconnois, plus nous les protegeons;

Et le ſeul châtiment qu'ici nous t'impoſons
C'eſt de voir expirer les Citoyens perfides,
Que lioient avec toi leurs Complots parricides,
Tout couvert de leur ſang répandu devant toi,
Va d'un crime inutile entretenir ton Roi,
Et montre en ta perſonne aux Peuples d'Italie
La ſainteté de Rome, & ton ignominie.
Qu'on l'ammene, Licteurs.

SCENE III.

Les SENATEURS. BRUTUS. VALERIUS. PROCULUS.

BRUTUS.

EH bien, Valerius;
Ils ſont ſaiſis ſans doute, ils ſont au moins connus?
Quel ſombre & noir chagrin, couvrant votre viſage,
De maux encor plus grands ſemble être le préſage?
Vous frémiſſez.

VALERIUS.

VALERIUS.

Songez que vous êtes Brutus.

BRUTUS.

Expliquez-vous....

VALERIUS.

Je tremble à vous en dire plus.

Il lui donne des Tablettes.

Voyez, Seigneur, lisez; connoissez les coupables.

BRUTUS *prenant les Tablettes.*

Me trompez-vous mes yeux? O jours abominables!
O Pere infortuné! Tiberinus, mon fils!
Sénateurs pardonnez... le perfide est-il pris?

VALERIUS.

Avec deux Conjurés il s'est osé défendre;
Ils ont choisi la mort plûtôt que de se rendre;
Percé de coups, Seigneur, il est tombé près d'eux,
Mais il reste à vous dire un malheur plus affreux,
Pour vous, pour Rome entiere, & pour moi plus sensible.

BRUTUS.

Qu'entens-je?

VALERIUS.

Reprenez cette Liste terrible,
Que chez Messala même a saisi Proculus.

BRUTUS.

Lisons donc... je frémis, je tremble, Ciel! Titus,

Il se laisse tomber entre les bras de Proculus.

VALERIUS.

Assez près de ces lieux je l'ai trouvé sans armes,
Errant, désespéré, plein d'horreur & d'allarmes;
Peut-être il détestoit cet horrible attentat.

BRUTUS.

Allez, Peres conscrits, retournez au Sénat;
Il ne m'appartient plus d'oser y prendre place;
Allez, exterminez ma criminelle race;
Punissez-en le Pere, & jusque dans mon flanc,
Recherchez sans pitié la source de leur sang;
Je ne vous suivrai point, de peur que ma présence
Ne suspendît de Rome, ou fléchît la vangeance.

SCENE IV.

BRUTUS.

GRands Dieux, à vos Décrets tous mes vœux sont soumis.
Dieux! Vangeurs de nos Loix, Vangeurs de mon Païs,
C'est vous qui par mes mains fondiez sur la Justice,
De notre Liberté l'éternel édifice;
Voulez-vous renverser ses sacrés fondemens?
Et contre votre ouvrage armiez-vous mes Enfans?
Ah! que Tiberinus en sa lâche furie
Ait servi nos Tirans, & trahi sa Patrie;
Le coup en est affreux; le traître étoit mon Fils.
Mais, Titus! un Héros, l'Amour de son Païs,
Qui dans ce même jour, heureux & plein de gloire,
A vû par un Triomphe honorer sa Victoire:
Titus, qu'au Capitole ont couronné mes mains:
L'espoir de ma vieillesse, & celui des Romains:
Titus! Dieux!

SCENE V.

BRUTUS. VALERIUS. SUITE. LICTEURS.

VALERIUS.

DU Sénat la volonté ſuprême
Eſt, que ſur votre Fils vous prononciez vous-même.

BRUTUS.

Moi ?

VALERIUS.

Vous ſeul ;

BRUTUS.

Et du reſte en a-t-il ordonné ?

VALERIUS.

Des Conjurés, Seigneur, le reſte eſt condamné,
Au moment où je parle ils ont vécû peut-être.

BRUTUS.

Et du ſort de mon Fils le Sénat me rend maître ?

VALERIUS.

Il croit à vos vertus devoir ce rare honneur.

BRUTUS.

O Patrie !

VALERIUS.

Au Sénat que dirai-je, Seigneur?

BRUTUS.

Que Brutus voit le prix de cette grace insigne,
Qu'il ne la cherchoit pas . . . mais qu'il s'en rendra digne . . .
Mais mon Fils s'est rendu sans daigner résister ;
Il pourroit . . . pardonnez si je cherche à douter ;
C'étoit l'appui de Rome, & je sens que je l'aime.

VALERIUS.

Seigneur, Tullie . . .

BRUTUS.

Eh bien . . .

VALERIUS.

Tullie au moment même

N'a que trop confirmé ces ſoupçons odieux.

BRUTUS.

Comment, Seigneur?

VALERIUS.

A peine elle a revû ces lieux,

A peine elle apperçoit l'appareil des ſupplices,

Que ſa main conſommant ces triſtes ſacrifices,

Elle tombe, elle expire, elle immole à nos Loix

Ce reſte infortuné de nos indignes Rois.

Si l'on nous trahiſſoit, Seigneur, c'étoit pour elle.

Je reſpecte en Brutus la douleur paternelle;

Mais tournant vers ces lieux, ſes yeux appéſantis,

Tullie, en expirant, a nommé votre Fils.

BRUTUS.

Juſtes Dieux!

VALERIUS.

C'eſt à vous à juger de ſon crime,

Condamnez, épargnez, ou frappez la victime,
Rome doit approuver ce qu'aura fait Brutus.

BRUTUS.

Licteurs, que devant moi l'on amene Titus.

VALERIUS.

Plein de votre vertu, Seigneur, je me retire;
Mon esprit étonné vous plaint, & vous admire;
Et je vais au Sénat apprendre avec terreur,
La grandeur de votre ame, & de votre douleur.

SCENE VI.

BRUTUS. PROCULUS.

BRUTUS.

NOn, plus j'y pense encor, & moins je m'imagine
Que mon Fils des Romains ait tramé la ruine;
Pour son Pere, & pour Rome, il avoit trop d'amour;
On ne peut à ce point s'oublier en un jour.

Je ne le puis penſer ; mon Fils n'eſt point coupable.

PROCULUS.

Meſſala qui forma ce complot déteſtable,
Sous ce grand nom peut-être a voulu ſe couvrir ;
Peut-être on hait ſa gloire, on cherche à le flétrir.

BRUTUS.

Plût au Ciel !

PROCULUS.

De vos Fils, c'eſt le ſeul qui vous reſte ;
Qu'il ſoit coupable, ou non, de ce complot funeſte,
Le Sénat indulgent vous remet ſes deſtins ;
Ses jours ſont aſſurés, puiſqu'ils ſont dans vos mains.
Vous ſçaurez à l'Etat conſerver ce grand homme ;
Vous êtes Pere enfin.

BRUTUS.

Je ſuis Conſul de Rome.

SCENE VII.

BRUTUS, TITUS, *dans le fond du Theâtre, avec des Licteurs.*

PROCULUS.

LE voici.

TITUS.

C'eſt Brutus ! O douloureux momens !
O Terre entr'ouvre-toi ſous mes pas chancelans !
Seigneur, ſouffrez qu'un fils...

BRUTUS.

Arrète, Témeraire.
De deux Fils que j'aimai, les Dieux m'avoient fait Pere,
J'ai perdu l'un ; que dis-je? Ah ! malheureux Titus
Parle : ai-je encor un Fils?

TITUS.

Non, vous n'en avez plus.

BRUTUS.

Réponds donc à ton Juge, Opprobre de ma vie.

Il s'assied.

Avois-tu résolu d'opprimer ta Patrie,
D'abandonner ton Pere au pouvoir absolu,
De trahir tes Sermens ?

TITUS.

Je n'ai rien résolu;
Plein d'un mortel poison, dont l'horreur me dévore,
Je m'ignorois moi-même, & je me cherche encore;
Mon cœur encor surpris de son égarement,
Emporté loin de soi, fut coupable un moment:
Ce moment m'a couvert d'une honte éternelle
A mon Païs que j'aime, il m'a fait infidelle;
Mais, ce moment passé, mes remords infinis
Ont égalé mon crime, & vangé mon Païs.
Prononcez mon Arrêt, Rome, qui vous contemple
A besoin de ma perte, & veut un grand éxemple.
Par mon juste supplice il faut épouvanter
Les Romains, s'il en est, qui puissent m'imiter.

Ma mort servira Rome autant qu'eût fait ma vie,
Et ce sang en tout temps utile à sa Patrie,
Dont je n'ai qu'aujourd'hui soüillé la pureté,
N'aura coulé jamais que pour la liberté.

BRUTUS.

Quoi ! tant de perfidie avec tant de courage ?
De crimes, de vertus, quel horrible assemblage !
Quoi ! sur ses Lauriers même, & parmi ces Drapeaux,
Que son sang à mes yeux rendoit encor plus beaux !
Quel Démon t'inspira cette horrible inconstance ?

TITUS.

Toutes les passions, la soif de la vangeance;
L'ambition, la haine, un instant de fureur...

BRUTUS.

Acheve, malheureux,

TITUS.

Une plus grande erreur,
Un feu qui de mes sens est même encor le maître,
Qui fit tout mon forfait, qui l'augmente peut-être.

C'eſt trop vous offenſer par cet aveu honteux,
Inutile pour Rome, indigne de nous deux.
Mon malheur eſt au comble ainſi que ma furie;
Terminez mes forfaits, mon déſeſpoir, ma vie,
Votre opprobre, & le mien. Mais ſi dans les Combats
J'avois ſuivi la trace où m'ont conduit vos pas,
Si je vous imitai, ſi j'aimai ma Patrie,
D'un remords aſſez grand, ſi ma rage eſt ſuivie;

Il ſe jette à genoux.

A cet infortuné daignez ouvrir vos bras;
Dites du moins, mon Fils, Brutus ne te hait pas;
Ce mot ſeul, me rendant mes vertus, & ma gloire,
De la honte où je ſuis défendra ma mémoire.
On dira que Titus, deſcendanr chez les Morts,
Eut un regard de vous pour prix de ſes remords:
Que vous l'aimiez encore, & que malgré ſon crime,
Votre Fils dans la tombe emporta votre eſtime.

BRUTUS.

.. Son remords me l'arrache. O Rome! O mon Païs!
Proculus... à la mort que l'on mene mon Fils.

Leve-toi triste objet d'horreur, & de tendresse:
Leve-toi cher appui qu'espéroit ma vieillesse:
Viens embrasser ton Pere. Il t'a dû condamner;
Mais, s'il n'étoit Brutus, il t'alloit pardonner.
Mes pleurs, en te parlant, inondent ton visage:
Va, porte à ton supplice un plus mâle courage;
Va, ne t'attendris point, sois plus Romain que moi,
Et que Rome t'admire, en se vangeant de toi.

TITUS.

Adieu, je vais périr, digne encor de mon Pere.

On l'emmene.

SCENE VIII.

BRUTUS. PROCULUS.

PROCULUS.

SEigneur, tout le Sénat dans sa douleur sincere
Et frémissant du coup qui doit vous accabler...

BRUTUS.

Vous connoissez Brutus, & l'osez consoler?

Songez qu'on nous prépare une attaque nouvelle;
Rome ſeule a mes ſoins, mon cœur ne connoît qu'elle.
Allons, que les Romains dans ces momens affreux
Me tiennent lieu du Fils que j'ai perdu pour eux,
Que je finiſſe au moins ma déplorable vie,
Comme il eût dû mourir, en vangeant la Patrie.

SCENE DERNIERE.

BRUTUS. PROCULUS. Un SENATEUR.

LE SENATEUR.

SEigneur...

BRUTUS.

Mon Fils n'eſt plus?

LE SENATEUR.

C'en eſt fait.. & mes yeux...

BRUTUS.

Rome eſt libre. Il ſuffit... Rendons graces aux Dieux.

FIN.

APPROBATION.

J'Ai lû, par ordre de Monseigneur le Garde des Sceaux, la TRAGEDIE DE BRUTUS, avec le Discours à Mylord Bolingbroocke. A Paris, ce 13 Janvier 1731.

DUVAL.

PRIVILEGE DU ROY.

LOUIS, par la grace de Dieu, Roy de France & de Navarre; A nos amez & feaux Conseillers, les Gens tenans nos Cours de Parlement, Maîtres des Requêtes ordinaires de notre Hôtel, Grand-Conseil, Prévôt de Paris, Baillifs, Sénéchaux, leurs Lieutenans Civils, & autres nos Justiciers, qu'il appartiendra: SALUT. Notre bien amé le Sieur ************************** , Nous ayant fait remontrer qu'il souhaiteroit faire imprimer & donner au Public un Ouvrage qui a pour Titre: *BRUTUS*, Tragédie, s'il Nous plaisoit lui accorder nos Lettres de Privilege sur ce nécessaires; offrant pour cet effet de le faire imprimer en bon Papier & beaux Caracteres, suivant la feüille imprimée & attachée pour modele sous le Contre-Scel des Presentes. A CES CAUSES, voulant traiter favorablement ledit Sieur Exposant, Nous lui avons permis & permettons par ces Presentes, de faire imprimer ledit Ouvrage ci-dessus specifié, conjointement ou séparement, & autant de fois que bon lui semblera, sur Papier & Caracteres conformes à ladite feüille imprimée & attachée sous notredit contre-Scel, & de le faire vendre & débiter par tout notre Royaume pendant le temps de six années consecutives, à compter du jour de la datte desdites Presentes; FAISONS défenses à toutes sortes de personnes, de quelque qualité & condition qu'elles soient, d'en introduire d'impression étrangere dans aucun Lieu de notre obéissance: comme aussi à tous Libraires, Imprimeurs, & autres, d'imprimer, faire imprimer, vendre, faire vendre, débiter, ni contrefaire ledit Ouvrage ci-dessus exposé en tout, ni en partie, ni d'en faire aucuns extraits, sous quelque prétexte que ce soit, d'augmentation, correction, changement de Titre, même de traduction étrangere, ou autrement, sans la permission expresse & par écrit dudit Sieur Exposant, ou de ceux qui auront droit de lui, à peine de confiscation des Exemplaires contrefaits, quinze cens livres d'amende contre chacun des Contrevenans, dont un tiers à Nous, un tiers à l'Hôtel-Dieu de Paris, l'autre tiers audit Sieur Exposant, & de tous dépens, dommages & interêts; A la charge que ces Presentes seront enregistrées tout au long sur le Registre de la Communauté des Libraires & Imprimeurs de Paris, dans trois mois de la datte d'icelle: que l'impression de cet Ouvrage sera faite dans notre Royaume & non ailleurs, & que l'Impetrant se conformera en tout aux Reglemens de la Librairie, & notamment à celui du dixiéme Avril 1725: & qu'avant que de l'exposer en vente, le Manuscrit ou Imprimé qui aura servi de Copie à l'Impression dudit Ouvrage, sera remis dans le même état où l'Approbation y aura été donnée, ès mains de notre très-cher & feal Chevalier Garde des Sceaux de France, le Sieur Chauvelin: & qu'il en sera ensuite remis deux Exemplaires dans notre Bibliotheque publique, un dans celle de notre Château du Louvre, & un dans celle de notredit très-cher & feal Chevalier, Garde des Sceaux de France, le Sieur Chauvelin; le tout à peine de nullité des Presentes. Du contenu desquelles vous mandons & enjoignons de faire joüir ledit Sieur Exposant, ou ses ayans cause pleinement & paisiblement, sans souffrir qu'il leur soit fait aucun trouble ou empêchement. Voulons que la Copie desdites Presentes, qui sera imprimée tout au long au commencement ou à la fin dudit Ouvrage, soit tenuë pour dûement signifiée, & qu'aux Copies collationnées par l'un de nos amez & feaux Conseillers-Secretaires foi soit ajoûté, comme à l'Original. Commandons au premier notre Huissier ou Sergent de faire pour l'execution d'icelles tous Actes requis & nécessaires, sans demander autre Permission, & nonobstant clameur de Haro, Charte Normande, & Lettres à ce contraires. Car tel est notre plaisir. Donné à Paris le quinziéme jour du mois de Decembre, l'an de grace mil sept cens trente, & de notre Regne le seiziéme. Par le ROY en son Conseil, Sainson.

Registré, ensemble la Cession, sur le Registre VIII. de la Chambre Royale des Libraires & Imprimeurs de Paris, No. 87. fol. 87. conformément aux anciens Reglemens, confirmés par celui du 28. Fevrier 1723. A Paris, le 22 Decembre 1730.

P. A. Le Mercier, Syndic.

Je cede & transporte à M. Josse le Fils, Libraire à Paris, le Privilege de la Tragedie de Brutus. Fait à Paris, ce 12. Decembre 1730. Voltaire.

De l'Imprimerie d'André Knapen. 1731.

ERRATA.

PREFACE.

PAGE xvij. *ligne* 3. Achille, *lisez* Æchile.

Page xxvij. *ligne* 10. Oldeeds, *lisez*, Oldfields.

TRAGEDIE.

PAGE 13. *dernier Vers*, sa réponse, *lisez*, ma réponse.

Page 46. croit-on qu'on l'introduise? *lisez*, crois-tu qu'on l'introduise?

Page 48. par degré, *lisez*, par degrez.

Page 51. sa suprême grandeur, *lisez*, la suprême grandeur.

Page 52. je peu parler, *lisez*, je peux parler.

Page 56. rendant la pureté, *lisez*, rendant leur pureté.

Page 79.

Et rougir loin de Rome entre les bras d'un Roy
De l'amour malheureux que j'ai senti pour toi,

lisez,

Et pleurer loin de Rome entre les bras d'un Roy
Cet amour malheureux que j'ai senti pour toi.

Page 94. pensez-vous d'abaisser, *lisez*, pensez-vous abaisser,

Idem, que l'on vient insulter, *lisez*, que l'on veut insulter.

Page 104.

Peut-être on hait sa gloire, on cherche à le flétrir,

lisez, à la flétrir.

www.ingramcontent.com/pod-product-compliance
Lightning Source LLC
LaVergne TN
LVHW010610110826
845149LV00003B/845